CHISTES
de Colección

CHISTES
de Colección

OBRA PUBLICADA
INICIALMENTE CON EL TITULO
Chistes internacionales

SELECTOR
actualidad editorial

CHISTES DE COLECCION

D.R. © 1983, Compañía General de Ediciones, S.A. de C.V.
Mier y Pesado 128, Col. del Valle, 03100 México, D.F.

Portada: Enrique Bretón

ISBN: 968—403—369—9

Quinta reimpresión: Agosto de 1992

La Risa es una de las terapias más favorecidas contra todo sufrimiento. Desafortunadamente la vida actual llena de amenazas de guerra, terrorismo, complejidades, a nivel mundial, y devaluaciones, carestía, carencias, a nivel casero, no nos deja mucho porqué reír.

En esta obra hemos buscado ofrecer al lector una variedad de chistes representativos de los tiempos en que vivimos, atreviéndonos a afirmar que la inmensa mayoría de los chistes recopilados en ellos no figuran en ninguna otra colección de nuestra época.

Y como dice uno de los chistes contenidos en esta antología, refiriéndose a un joven que envió su selección de chistes a un editor: *"teniendo en cuenta el trabajo que nos ha costado seleccionarlos, esperamos que no se rían de nosotros"*.

Disfrútalos lector.

Un joven atleta universitario se preparaba para unas carreras de fondo, y de regreso a su casa después de cada entrenamiento, informaba del resultado a su madre:

— Hoy corrí los diez mil metros planos en 33 minutos.

Unos días después:

— Hoy corrí los diez mil metros en 32 minutos.

A la otra semana:

— Hoy corrí los diez mil metros en 31 minutos.

Hasta que un día su madre le reprochó:

— Pues no sé que pasa contigo. Cada vez terminas más pronto, pero siempre llegas a la casa a la misma hora.

***

El matrimonio fue a ocupar un nuevo departamento en la planta baja de un edificio, y al primer día la señora notó que cada vez que un autobús pasaba por la calle, el piso se cimbraba, por lo que llamó a un ingeniero para que le dijera si se podía hacer algo. Vino el técnico, pero aquel día los autobuses no iban a tiempo o habían cambiado de ruta, el caso es que no pasaba ninguno. El ingeniero estuvo esperando un largo rato, hasta que al fin llegó el marido, y al ver a un desconocido a solas con su mujer, le preguntó de mal modo:

— ¿Qué hace usted aquí?

Y el otro, medio mortificado, contestó:

— Pues aunque usted no lo crea, estoy esperando el autobús.

* * *

Diálogo telefónico.

— ¿Es el 27 - 44 - 12?

— No señor, este es otro número.

— No importa, ¿me quiere comunicar con Luis?

— Aquí no hay ningún Luis.

— Está bien, llamaré después.

* * *

Un automovilista chocó en la carretera, y después de ser atendido fue llevado a la Delegación más cercana, donde declaró:

— La culpa fue del otro que venía completamente borracho.

— ¿Cómo sabe usted que estaba borracho?

— A fuerza tenía que estarlo. Sólo así se explica que viniera manejando un árbol.

* * *

Con objeto de planear sus paseos, un forastero visitante va a consultar al servicio metereológico local.

— ¿Cuál es el pronóstico del tiempo para esta tarde?

— Parcialmente lluvioso.

— ¿Y para mañana?

— Parcialmente soleado.

— Dígame una cosa: ¿qué tal son sus pronósticos?

— Parcialmente acertados.

* * *

Un ciudadano checoslovaco, bajo el control ruso, se presenta en la comisaría de policía:

— Vengo a reportar que dos soldados suizos me han quitado mi reloj soviético.

— Dirá usted que dos soldados soviéticos le han quitado su reloj suizo.

— Bueno, pero conste que es usted quien lo ha dicho.

***

Paciente a doctor, por teléfono:

— ¿Cuánto cobra usted por consulta?

— Doscientos pesos en mi consultorio, y cuatrocientos a domicilio.

— ¿Y si nos encontramos a medio camino?

***

Un chiquillo coleccionó unos chistes y los mandó a una revista, con esta nota: "Me ha costado mucho trabajo juntar estos chistes. Espero que no se rían de ellos."

***

—Este año el Gobierno va a gastar quinientos millones en estudiar los problemas de los pobres.

— ¿Y el problema no quedaría resuelto si se repartiera ese dinero entre los pobres?

***

Durante un curso sobre relaciones obrero-patronales, se puso a discusión el significado de las palabras "estímulo" y "motivación". Como los diversos oradores no lograban ponerse de acuerdo, tomó la palabra un trabajador para aclarar:

— Si el patrón me ofrece un aumento de sueldo para incrementar la producción, esto será un estímulo. Pero si me anuncia que me despedirá en caso de que no la incremente, esto será una motivación.

***

Con la elevación de los impuestos prediales, un contribuyente dueño de una casa, al enviar su cheque a la Tesorería escribió al reverso: "Les vendo esta casa." Y la Tesorería le contestó: "No nos interesa. Los impuestos son muy altos."

***

Un curioso se detiene a ver un juego de beis infantil.
— ¿Cómo van? —le pregunta a uno de los chicos.
— 19 a cero, ganando ellos.
— Pues no pareces muy desanimado.
— ¿Por qué habría de estarlo? Todavía no llega nuestro turno al bat.

***

A uno que emigraba de Suecia le preguntaron por qué se iba, y contestó:
— Es por eso del amor libre. Primero era tolerado, luego fue permitido, y ahora hasta lo fomentan. Yo me voy antes de que lo declaren obligatorio.

***

Si no nos detenemos de vez en cuando, nunca nos alcanzará nada que valga la pena.

***

Uno entra corriendo a una cantina, y grita:

— ¡Ahí viene *El Salvaje!*

Todos echan a correr despavoridos y el lugar queda vacío, exceptuando un hombre pequeñito que no puede huir porque le tiemblan las piernas de miedo. Unos momentos después llega un tipo enorme, con aspecto de gorila y mirada siniestra, que rompe mesas y sillas, derriba el mostrador, se toma un par de botellas y se pone a disparar a lo loco gritando como un energúmeno, hasta dejar el local en ruinas. Cuando ya lo ha destrozado todo, se acerca al hombrecito que sigue temblando en un rincón, y le dice:

— Bueno, yo ya me eché mi trago. Ahora vámonos pronto los dos de aquí, antes de que llegue *El Salvaje.*

* * *

En aquella serie mundial de béisbol, los Yankees de Nueva York les ganaron al hilo los primeros cuatro juegos a los Indios de Cleveland. Para que la cosa no se viera tan fea, un periódico de Cleveland dio la noticia así:

"La serie resultó muy pareja. Primero perdieron los Indios y ganaron los Yankees, pero luego ganaron los Yankees y perdieron los Indios".

* * *

Después de los exámenes escritos, el maestro llama a Toño y le dice:

— ¿No te da vergüenza haber copiado íntegramente la prueba de Rafa?

— Usted no puede demostrarlo, profesor.

— Sí puedo, porque todas las respuestas son exactamente iguales, excepto la número 12, donde él escribió "No lo sé", y tú pusiste "Yo tampoco."

***

En una ciudad provinciana había dos periódicos que se hacían la competencia. Un día el corresponsal de uno de ellos en la capital fue balaceado, y su periódico publicó este sensacional encabezado: "Nuestro corresponsal balaceado", con lo que logró una gran venta. Al día siguiente el corresponsal del otro periódico recibió este telegrama:

"Nuestro rival apuntóse brillante éxito periodístico. Para otra vez procure que el balaceado sea usted."

***

En nuestra época, madre a hija:
— El rubor es uno de los máximos encantos femeninos. ¿Tú nunca te ruborizas?
— No, mamá.
— Pues en mis tiempos las muchachas se ruborizaban.
— ¡Jesús, qué cosas les dirían!

***

— Yo soy muy severo conmigo mismo, y mi cerebro se pasa el día dándome órdenes: "Haz esto, haz aquello, vete por aquí, corre para allá."
— O sea que es usted muy rápido en sus acciones.
— Bueno, la verdad, ni tanto, porque siempre sucede que después de haber recibido la orden, una voz dentro de mí pregunta: "¿Quién. . . yo?"

***

Aquel hombre tenía que acabar mal. Por mucho tiempo estuvo huyendo de las tentaciones, pero siempre les dejaba su nuevo domicilio, hasta que al fin lo alcanzaron.

***

Un francés que acaba de regresar de Inglaterra cuenta lo siguiente:

— Iba yo manejando por una carretera cerca de Londres, cuando choqué con un coche en el que viajaba un matrimonio inglés. El hombre, muy flemático y a media voz, empezó a insultarme. Yo no sé nada de inglés, pero lo que él me decía era terrible. ¡Qué lenguaje, qué palabrotas!

— Pero si usted no entiende inglés, ¿cómo se daba cuenta de lo que le decía?

— Bueno, es que su mujer sabía algo de francés, y me lo iba traduciendo.

***

En el mercado de obras de arte.

— Le vendo este cuadro de Picasso.

— No me interesa, es falso.

— ¿Cómo va a ser falso, si yo mismo vi cuando lo pintaba?

— ¿Quién?

— El propio Pablo Picasso.

— Pues sería un Pablo Picasso falso.

***

Marido a mujer:

— ¿Cómo es que te robaron el dinero que te di para el gasto? ¿Dónde lo llevabas?

— Para mayor seguridad me lo puse en el escote, bien adentro, pero si vieras cómo venía de lleno el camión. Todos de pie y apretujados. Yo ya noté que un señor que iba a mi lado, en medio de la aglomeración me ponía la mano en el escote. . .

— ¿Y tú no le reclamaste?

— No, porque pensé que iba con buenas intenciones.

* * *

Un amigo que es muy lépero y mal hablado se acerca a Gregorio para decirle algo, pero éste lo detiene con un gesto y previamente le advierte:

— Límpiate la boca de este lado.

El otro saca un pañuelo y se frota la parte señalada.

— Ahora del otro lado.

Ya medio molesto, el amigo se frota repetidamente la boca en todas direcciones. Entonces Gregorio le dice:

— Así está bien. Ahora ya puedes hablarme.

* * *

Un paletero de voz ronca y gangosa va pregonando su mercancía:

— ¡Paletas de limón, fresa y tamarindo!

Uno que pasa le pregunta:

— ¿Tiene usted laringitis?

— No, sólo de limón, fresa y tamarindo.

* * *

Un matrimonio mexicano visita París, y aprovechando que la mujer se siente indispuesta y no quiere salir del hotel, él se va a dar la vuelta solo. Conoce a un guía de turistas, lo invita a tomar una copa, se hacen amigos, y al fin le hace una pregunta al oído.

— Sí —contesta el guía—, pero esto cuesta por lo menos dos mil francos. Aquí están algunas direcciones.

Al día siguiente el hombre va por la calle del brazo de su mujer, cuando casualmente pasa por allí el guía, y acercándose al marido le dice en voz baja;

— ¿Esto es lo que conseguiste por dos mil francos? ¡Qué bárbaro, te robaron!

* * *

A uno que se daba mucho bombo porque trabajaba en el Gobierno, le preguntaron qué puesto tenía, y dijo:

— Tengo a mi cargo el manejo de la Sección de Equipo en el Almacén de la Unidad de Mantenimiento de la Dirección de Servicios de la Administración General del Ministerio.

— Debe ser un puesto muy importante. ¿Podría usted explicar qué es la Administración General?

— Es el organismo que controla a la Dirección de Servicios.

— ¿Cuáles servicios?

— Los de conservación y mantenimiento, por ejemplo, la limpieza.

— ¿Y usted maneja el Almacén?

— No, sólamente el Equipo.

— ¿Cuál equipo?

— El que se guarda en un cajón.

— ¿Y qué hay dentro del cajón?

— Una escoba y una jerga.

* * *

Una niña que no soporta el puré de manzana es invitada a comer en la casa de unas amistades, con tan mala fortuna que a la anfitriona se le ocurre preparar precisamente este platillo. Al preguntarle si le gusta, ella, por educación, contesta:

— Me encanta.

Le sirven una buena ración, pero al ver que no lo prueba, la señora le dice:

— ¿No que te encantaba el puré de manzana?

— Oh sí, señora, de veras me encanta. . . pero no tanto como para comérmelo.

***

Un hombre que está a la expectativa es aquel que no hace nada esperando que las cosas mejoren por sí solas.

***

Un niño chiquito a otro:

— Lo que nuestros padres hacen con nosotros es absurdo. Primero nos enseñan a hablar y andar, y luego quieren que estemos callados y quietos.

***

Aquel fanático automovilista era tan escandaloso e irreverente, que al morir llegó a las puertas del cielo. . . y se puso a tocar el claxon.

***

— Doctor, me pica todo el cuerpo.

— Puede ser comezón o puede ser alergia. ¿Por cuál de las dos quiere que lo trate?

— ¿Que no es lo mismo?

— No exactamente.

— ¿Cuál es la diferencia?

— Quinientos pesos.

***

— Mira, Gregorio, hay una víbora en la sala.

— No, mujer, no es ninguna víbora, es una manguera.

— De todos modos llama al médico, porque la manguera ya mordió a tu madre.

* * *

Una viuda rica, con un hijo de 10 años, se volvió a casar con un hombre joven y apuesto que sólo iba en pos de su dinero y que quería deshacerse del muchacho. Sin embargo, se portaba muy bien con él, lo sacaba a pasear y aparentemente le tenía un gran afecto. Un día le preguntaron al chico qué opinaba de su padrastro, y contestó:

— Es muy buena persona y nos divertimos mucho. Por las mañanas me lleva al lago, nos subimos a un bote, remamos hasta el centro del lago, y allí me pone en el agua. Entonces él se regresa a la orilla con el bote, y yo me regreso nadando.

— ¿Y eso te gusta?

— Sí, porque me sirve de ejercicio.

— ¿Y nunca has tenido ningún problema para regresar a la orilla?

— No, porque soy buen nadador. Lo único que a veces me cuesta un poco de trabajo, es salirme del costal.

* * *

Un pueblerino y su hijo fueron un día a la ciudad, y para conocerlo todo decidieron ir una noche al teatro. De regreso al pueblo les preguntaron qué les había parecido la función y el padre respondió:

— Al principio muy bonito. Señoras bien vestidas, caballeros elegantes, personas que se saludan, música, luces de colores. . . Aquello era magnífico, y el chico y yo nos divertimos mucho, pero luego se apagaron las luces y en un cuarto que había enfrente aparecieron unos señores que se pusieron a hablar de sus asuntos, y como esto no nos interesaba, pues mejor nos salimos a la calle.

***

— ¿Usted cree en la astrología?
— No señor.
— Sin embargo, han habido casos. . .
— No siga. Yo no creo en esas bobadas.
— Pues le voy a contar. . .
— No insista, hombre, que los de Aries somos muy difíciles de convencer.

***

La esposa, que de soltera había sido oficinista, está pasando a la máquina un informe de trabajo de su marido, mientras éste, en compensación, lava los trastes en la cocina. Al terminar, él le dice:
— No podemos quejarnos. No somos más que dos, pero es como si fuéramos cuatro, porque yo ya tengo secretaria, y tú ya tienes sirvienta.

***

Durante la ocupación de Italia por parte de las fuerzas inglesas en la Segunda Guerra Mundial, se notó un aumento en los nacimientos, debido a que las chicas italianas eran demasiado complacientes con los soldados británicos. Un día un alto funcionario romano fue a entrevistarse con el jefe de las fuerzas de ocupación:

— Señor, ¿no podría usted recomendar a sus soldados un poco más de moderación en sus tratos con nuestras mujeres?

— Déjelos —contestó el jefe—. No debe usted olvidar que la Biblia dice: "Creced y multiplicaos."

— De acuerdo, señor, pero la Biblia nunca ha dicho: "Multiplicaos y marchaos."

***

— Ese tenor es muy malo, no tiene voz. ¿Por qué dices que es de primera fila?

— Porque de la segunda ya no se le oye.

***

— ¿Usted qué opina del golf?

— Que es la forma más aristocrática y costosa de jugar a las canicas.

***

El avión se incendia en pleno vuelo, y un pasajero, ante el peligro de ser devorado por las llamas, se tira por la ventanilla. Mientras cae vertiginosamente, murmura:

— ¡San Francisco, sálvame! . . . ¡San Francisco, sálvame!

De pronto dos manos poderosas lo detienen en el aire, y una voz le pregunta:

— ¿ A qué San Francisco estás invocando?

— A San Francisco de Asís.

Las dos manos lo sueltan, y la voz añade:

— ¡Pues síguete cayendo, condenado, que yo soy San Francisco de Paula!

***

Muchacho a su novia:

— Mira, te traje este anillo, ¿no es lindo?

— ¿De dónde lo sacaste?

— Lo compré en una oferta de dos anillos por mil pesos.

Ella examina la prenda y le pregunta:

— ¿Y a quién le diste el de 990?

***

Un escocés de voz aflautada y un regiomontano de voz gruesa viajan en el mismo barco. Se han hecho amigos, y de vez en cuando toman una copa juntos, pero de licor barato y pagando cada quien lo suyo. Al final del viaje, el escocés propone:

— Para celebrar nuestra amistad, quiero que hagamos una cena de despedida, pero por esta vez que sea algo muy especial, con los mejores platillos y los mejores vinos.

Acepta el regiomontano, y los dos comen hasta hartarse. Luego llaman al mesero para que les traiga la cuenta, que importa una suma enorme. El mesero no sabe a cual de los dos entregársela, pero en estas oye una voz gruesa que dice:

— Démela a mí, yo pagaré.

Habiendo reconocido la voz del regiomontano, el mesero se la deja a éste.

Al día siguiente los periódicos traen en primera plana esta noticia:

"Iracundo regiomontano asesina a escocés ventrílocuo."

***

Un turista occidental visita los museos del Kremlin, en Moscú, y viendo que en una vitrina hay una valiosísima colección de joyas sin ninguna vigilancia especial, le pregunta al guía:

— ¿Cómo es posible que estas joyas no estén mejor protegidas? ¿No ve que alguien se las puede robar?

El guía contesta:

— Se nota que usted tiene una mente capitalista. Aquí las joyas no tienen valor, son cosa superflua. El valor supremo en una sociedad es el hombre. . . ¡y a éste sí que lo tenemos bien amarrado!

***

— ¿Qué te ocurre, hombre, por qué tan triste?

— Es que ayer fui a ver al médico, y me dio un año de vida.

— Bueno, no te preocupes por eso. El tiempo pasa muy aprisa.

***

Sabido es que con la ayuda de los números todo se puede demostrar, y que por eso las estadísticas son a veces tan engañosas. Por ejemplo, en el pequeño y rico estado de Luxemburgo, donde el nivel de vida es uno de los más altos del mundo, sucedió que en 1980 había dos hombres sin empleo, mientras que en 1981 la cifra se elevó a tres. Esto sirvió para que un periódico de la oposición gubernamental publicara el siguiente encabezado truculento:

"Caos económico en el país. La situación es catastrófica. El desempleo ha aumentado en un 50% ."

***

Una chica llega al consultorio del siquiatra, y éste le pide que se acueste en el sofá. La muchacha obedece, pero muy recelosa, en actitud de franca desconfianza y restirando bien su falda.

— Bien —dice el doctor—, cuénteme cómo empezaron sus problemas.

— Pues así, tal como estoy ahora.

* * *

Un explorador cae en manos de una tribu salvaje. Para tratar de impresionar, saca su encendedor y lo prende. Entonces el jefe, visiblemente emocionado, levanta los brazos al cielo y exclama:

— ¡Milagro! ¡Milagro! ¡Nunca había visto un encendedor que prendiera a la primera!

* * *

Un automovilista ha dejado su coche cerrado en la calle, con las llaves dentro. Al convencerse de que por sí solo no puede abrir, llama a un policía, luego a un cuidador, y después a un chico del estacionamiento, pero todos fracasan. Entretanto se han juntado los inevitables curiosos, lo que el automovilista aprovecha para preguntarles:

— Por casualidad, ¿no habrá entre ustedes algún ladrón de coches?

* * *

Un empleado entra al despacho del Gerente y lo encuentra haciendo y retocando agujeritos en una hoja de papel. Viendo la cara de asombro del subalterno, el jefe le explica:

— Le estoy escribiendo una carta de protesta a la computadora.

* * *

Profesora de aritmética a sus alumnos:

— Para mañana quiero resueltos todos los problemas de quebrados, de decimales y de regla de tres. ¡Todos!, ¿entendieron bien?

En este momento se oye una media-voz desde las bancas que dice:

— Pobre papá. . .

* * *

Hombre maduro a un amigo:

— Al fin he comprendido que mi padre siempre estuvo en lo cierto, y por eso he acabado dándole la razón. Lo malo es que mi hijo también tardará cuarenta años en dármela a mí.

* * *

A un orador político que acaba de pronunciar un discurso, le dice un amigo:

— ¡Magnífico! ¡Formidable! ¡Nunca habías estado tan ambiguo!

* * *

Un joven en la calle ve que una ancianita se dispone a cruzar una esquina terriblemente transitada, y él en seguida se pone a su lado, tomándole del brazo para ayudarla. Viendo que el muchacho se queda esperando, ella dice con impaciencia:

— Bueno, vamos.

— Un momento, señora, nomás que pongan el alto.

— ¡Ah, qué chistoso! ¡Con el alto puesto ya puedo cruzarla yo sola!

* * *

A una señora que llevaba muchos años de casada, le preguntaron cuál era su definición de un marido, y contestó:

— Verá usted, es un hombre en el que hay que apoyarse por un lado, y apuntalarlo por el otro.

***

Esposa a marido:

— ¿Por qué no llegaste anoche a la casa?
— Es que perdí la llave y no pude entrar.
— ¿Conque perdiste la llave, eh?
— Sí. ¿Te sentiste muy sola?
— No. Afortunadamente otro señor la encontró.

***

Unos mafiosos se acercan a un político que, según dicen, es muy honrado, para proponerle un negocio sucio. Para empezar le ofrecen cien mil pesos, y el hombre protesta indignado:

— ¿Cómo se atreven a ofrecerme dinero? ¿Que no saben que lo que yo más estimo es mi reputación?
— Bueno, tal vez podríamos llegar a doscientos mil.
— ¡No, no! ¡Mi reputación está por encima de todo!
— Trescientos mil.
— Señores, comprendan que mi reputación. . .
— Quinientos mil.

El político se pasa la mano por la barbilla mientras reflexiona, y al fin dice:

— Está bien, aquí les dejo mi reputación y hagan con ella lo que quieran.

***

En 1980, Fidel Castro envía a los Estados Unidos a un amigo de confianza y muy adicto al régimen para que observe cómo está la situación por allá y le informe de cómo viven los americanos. Unas semanas después regresa el observador a La Habana, y el Presidente cubano le pregunta:

— Bueno, chico, ¿cuáles son tus impresiones, qué viste?

— ¡Horrible, camarada Fidel, horrible! Los americanos están atrasadísimos. . . pobre gente. ¡Figúrate que ellos viven todavía como vivíamos nosotros hace treinta años!

* * *

Una mujer fue a pedir el divorcio por haber sorprendido a su marido haciendo el amor con una muchacha de nombre Adela. Durante el juicio, el juez le preguntó al marido:

— ¿Así es que su esposa lo encontró a usted con el cuerpo del delito?

— No, señor juez, yo sólo estaba con el cuerpo de la Adelita.

* * *

Para gozar verdaderamente del bienestar, hay que interrumpirlo de vez en cuando.

* * *

Un preso se escapó de la cárcel al mediodía, pero por la noche volvió a ella. Al preguntarle por qué había regresado, explicó:

—Es que hace un rato llegué a la casa, y lo primero que hizo mi mujer fue gritarme: '' ¡La radio dijo que te habías fugado a las doce, y son las ocho! ¿Se puede saber qué diablos has estado haciendo durante tantas horas?

**

Entre amigas de sociedad.

— Mi siquiatra es uno de los mejores del mundo. Deberías consultarlo.

— Ya he visto a varios, y todos me han encontrado perfectamente normal.

— Sí, pero es que el mío es único. Por muy normal que seas, tú ve a verlo, y ya verás cómo te encuentra algo raro.

**

Para muchos niños en edad escolar un maestro es como un ser fantasmagórico y desprovisto de atributos humanos, que aparece misteriosamente al empezar la clase y se esfuma al terminarla. Por eso aquella chiquilla de 7 años, al encontrar un día a su maestra en el supermercado, le dijo en tono de legítima sorpresa:

— Nunca me habría podido imaginar que usted comprara cosas.

**

Un hombre se gastaba mucho dinero en médicos, sanatorios y tratamientos. Un día le preguntaron si esto no le salía demasiado caro, y contestó:

— No crean, en realidad lo hago por economía. Si yo llevara vida de sano, me gastaría sumas enormes en cabarets, licores, mujeres, viajes y póker. Por eso llevo vida de enfermo, me sale más barato.

Pero vino la inflación, y el hombre empezó a cambiar, convirtiéndose en un individuo que nunca se enfermaba. Al preguntarle a qué se debía el cambio, respondió:

— Es que con los actuales precios de los médicos y los hospitales, me resulta más económico estar sano y divertirme.

* * *

Un cronista musical fue enviado a reseñar la inauguración de una nueva sala de conciertos que poseía unas notables propiedades acústicas y cuyas paredes cóncavas producían unos prolongados ecos que eran el asombro del auditorio. Fue tanta la emoción del cronista ante aquellos ecos, que la nota que envió a su periódico empezaba así.

"Se inauguró ayer, ayer, ayer, la nueva y maravillosa sala, sala, sala, con un gran concierto, erto, erto. . ."

* * *

Los guantes son objetos que se compran de dos en dos y se pierden de uno en uno.

* * *

El hijo de un líder sindical logró organizar a los alumnos de su escuela. Ya integrado el Comité, presentaron a la Dirección un pliego de peticiones que empezaba así:

"Exigimos un aumento del 25% en nuestras calificaciones."

* * *

— ¿En qué se parecen un gato y un perro, a uno que se está ahogando?

— No sé.
— En que el gato dice *miau*, el perro dice *gao* y el que se ahoga dice *mi-augao*

***

Un pobre diablo le dice a un ricachón:
— ¿Y usted para qué quiere tanto dinero? ¿No ve que aunque sea muy rico no podrá eludir las penas de la vida y que de todos modos será desdichado?
— De acuerdo, pero al menos podré escoger la clase de desdicha que más me agrade.

***

El portero de un equipo de futbol llega a su casa después del partido.
— ¿Qué tal te fue? — le preguntan.
— Muy bien, sólo me tiraron tres veces.
— ¿Entonces ganaron ustedes?
— No, perdimos tres-cero.

***

Un chamaco está presenciando un partido de futbol, en una localidad de preferencia y fumando un puro. Un vecino le pregunta:
— ¿Cómo es que te dejan venir solo?
— Es que mi madre está fuera.
— ¿Y tu padre?
— Debe estar loco.
— ¿Qué quieres decir?
— Que debe estar loco en la casa buscando la entrada y el puro.

***

— ¿Tiene usted hijos, señor?

— Sí señor, tengo un hijo, ya grande.

— ¿Mucho?

— Oh sí, tan grande, que ya es más viejo que yo.

* * *

Un señor entra a un restorán, llama al mesero y pone un billete en sus manos.

— Te doy una buena propina por adelantado para que me recomiendes lo mejor. A ver, ¿qué me sugieres?

El mesero, sorprendido, titubea. El cliente insiste:

— Vamos, con toda sinceridad, ¿qué me aconsejas?

— Pues mire, señor, por esta propina lo mejor que puedo aconsejarle es que se vaya a comer a otra parte.

* * *

Si no nos amargáramos tanto la vida buscando la felicidad, seguramente seríamos mucho más felices.

* * *

Mujer a marido:

— Deberías tomar ejemplo de nuestros vecinos. ¿No te has fijado que él la besa todas las tardes al llegar del trabajo? Tú deberías hacer lo mismo.

— Ya lo intenté una vez, pero me dio una cachetada.

* * *

— ¿Por qué traes la mano vendada? ¿Algún accidente?

— No, hombre, es que anoche al salir de la cantina, un imbécil me la pisó.

* * *

Un cronista de radio, trasmitiendo un partido de futbol:

— El delantero Martínez toma la bola y avanza rápidamente. Cruza la media cancha, se interna a toda velocidad, llega al área grande, entra al área chica, se acerca a la meta. . . y le entrega a su portero.

***

Otro cronista de futbol (o quizá el mismo) decía:

— El árbitro expulsa a un jugador del bando visitante, y éste se queda con un hombre menos. Esto seguramente desbalanceará el partido a favor de los locales que seguirán teniendo a sus once hombres completos, mientras que el otro equipo tendrá que seguir jugando con diez hombres menos.

***

Patrón a empleada:

— ¿No oye el teléfono, señorita? ¿Por qué no lo contesta?

— ¿Para qué, si todas las llamadas son para usted?

***

— ¿Conoces a Roberto?

— Sí, como no. Lo aprecio mucho,

— Pues acaba de ocurrirle una desgracia.

— ¿Qué le ha pasado?

— Se ha fugado con mi mujer.

***

A uno que dormía plácidamente fueron a decirle que su mujer acababa de morir en un accidente. Se llevó la mano a la frente, hizo una mueca, y cambiando de postura para seguir durmiendo, murmuró:

— ¡Qué terrible disgusto se me espera al despertar!

***

Refiriéndose a cierta máxima filosófica, decía un cronista literario:

— Es una frase muy profunda, de autor desconocido, aunque se atribuye a Sherlock Holmes.

***

— Yo no creo que una persona con el cerebro atrofiado pueda vivir mucho tiempo.

— Eso depende. ¿Cuántos años tiene usted?

***

Un matrimonio europeo que visita los Estados Unidos, hace el viaje directo New York-Los Angeles sin escalas. Durante el trayecto, ella dice:

— Ojalá volemos sobre Chicago y Las Vegas. Tengo mucho interés en poder describir esos lugares a mis amigas.

***

En el cuartel, centinela a oficial de guardia:

— Mi teniente, aquí hay uno que dice venir de la comandancia para sacar un camión. ¿Dejo que se lo lleve?

— Te voy a decir lo que hay que hacer en estos casos. En primer lugar, revisar bien que dentro del vehículo no vaya nada de valor.

El teniente lo checa todo minuciosamente, mira en

todos los rincones, por las dudas hace descargar un bote viejo y un par de botellas vacías, y al fin dice:

— Listo, puede salir. —Cuando el vehículo ya se ha ido, se vuelve jactanciosamente hacia el centinela: —Esta es la forma más segura de que nunca nadie nos robe nada. ¿Ya aprendiste?

— Sí, mi teniente, pero de todos modos empiezo a sospechar que algo nos robaron.

— ¿Qué?

— El camión.

***

Un guía polinésico mostraba orgullosamente el volcán Krakatoa a un turista brasileño, diciéndole:

— ¡Debería verlo en erupción, es un espectáculo sublime! ¡Ustedes no tienen un volcán así en el Brasil!

— No, pero tenemos las cataratas de Iguazú, que lo apagarían en un momento.

***

Al llegar a la casa el marido encuentra a su mujer muy acaramelada con otro en el sofá.

— ¡Eh!, ¿qué hace usted con mi esposa en el sofá?

El otro, azorado, no acierta a contestar. Entonces la mujer le grita indignada:

— ¿Que no oyó a mi marido? ¡Conteste! ¿Qué hace usted en este sofá?

***

En la taberna del pueblo le preguntaron a un aldeano español quién había sido el primer hombre del mundo, y de inmediato contestó:

— ¡Manolete!

— No, no —le explicaron—, el primer hombre del mundo fue Adán.

— No lo conozco, sería picaor.

— No fue picador ni torero. Adán vivió en el Paraíso Terrenal.

— Ah, bueno, si cuenta usted a los extranjeros. . .

* * *

Una señora irlandesa mandó a su hijo al Canadá, concretamente a Terranova, en la parte más oriental del país. Desconocedora de las enormes dimensiones del territorio canadiense, le pareció lo más natural telegrafiar a un hermano suyo que vivía en Vancouver, al otro extremo, pidiéndole que fuera a recibir al muchacho. El hermano le contestó:

"Ven a recibirlo tú, que estás más cerca."

* * *

En el consultorio del siquiatra.

— Doctor, le he traído a mi esposo para que lo examine. El pobre se cree un aparato de radio.

— A ver, lo voy a estudiar.

— Pero no lo mueva mucho porque se le va la onda.

* * *

Un joven llama a la puerta de una casa.

— ¿Podría saludar a Lolita?

— Hoy no, porque está con diarrea.

— Oh, perdone, no sabía que tuviera un amigo vasco.

* * *

Un hombre casado solicita empleo en un negocio dirigido por una dama, y el secretario que lo entrevista le pregunta:

— ¿No le importará recibir órdenes de una mujer?

— Creo que no. Me sentiré como en casa.

* * *

A un aficionado a la música le interesaba muchísimo conseguir un disco con la Sinfonía X, pero no encontrándolo en su ciudad, decidió pedirlo al extranjero. Le contestaron que, siendo muy elevados los gastos de envío, no le convenía pedir un solo disco, por lo que le remitían una lista para que escogiera otros dos, los cuales le saldrían prácticamente regalados. El hombre no encontró en la lista nada que le gustara, pero no queriendo desaprovechar la oferta, marcó al azar la Rapsodia P y la Serenata H, después de lo cual devolvió la lista junto con su cheque. Algunas semanas más tarde recibió un lindo paquete dentro del cual venían unos discos y una nota que decía:

"Con mucho gusto le enviamos la Rapsodia P y la Serenata H que pidió. En cuanto a la Sinfonía X, lamentamos informarle que está agotada."

* * *

El marido llega a la casa y le dice a su mujer:

— Fui a visitar a tu mamá y la invité a pasear. La llevé al zoológico.

— Gracias, mi amor, eres muy atento. ¿Cuándo me llevas a mí?

— Cuando quieras. Las dos se verán muy bien en la misma jaula.

* * *

Dos muchachos ingleses en vacaciones visitan los Estados Unidos y alquilan un coche. Mientras van por la carretera, oyen esta advertencia por radio: "Maneje con precaución. Piense que este fin de semana habrá cuatrocientos norteamericanos muertos en los caminos por accidentes de tránsito."

Entonces un chico le dice al otro:

— Menos mal que nosotros no somos norteamericanos.

* * *

Un joven cirquero se va a confesar, y el cura le pregunta:

— ¿En qué trabajas, hijo?

— Soy acróbata

— No sé qué es eso. ¿Podrías hacerme una demostración?

El muchacho ejecuta algunos brincos y un par de saltos mortales. Dos señoras que están esperando turno se miran azoradas, y una dice a la otra:

— Si estas son las penitencias de hoy, debimos haber traído pantalones.

* * *

Una propaganda en el aparador de una tienda, decía:
"Use este producto. Con él sus niños serán más sanos y hermosos."

Una señora compra un frasco, y al irse pregunta:

— ¿Quién debe tomarlo: mi marido o yo?

* * *

En un bazar de objetos de arte:

— ¿Este cuadro es original?

— Bueno, en realidad es una reproducción, sacada de una copia, pero le aseguro que la litografía era auténtica.

* * *

Tres filósofos comentan:
— Para ser sabio, hay que creer.
— No estoy de acuerdo. Para ser sabio, hay que negar.
— Los dos se equivocan. Para ser sabio, hay que dudar.

* * *

Una señora ya grande explicaba:
— Por muchos años mi marido y yo vivimos felices en nuestra casita, hasta que un día alguien vino a instalarse en ella.
— ¿Un familiar?
— No, una hipoteca.

* * *

Aquella fiesta particular se había vuelto tan desordenada y escandalosa, que uno de los presentes decide marcharse.
— ¡No se vaya, hombre! —le dice otro—, que esto se está poniendo bueno.
— Es inútil, ¡yo me largo!
— Se va a ofender el dueño de la casa.
— Lo dudo, porque el dueño de la casa soy yo.

* * *

En el tablero del centro de entrenamiento militar apareció este aviso:

"Mañana prácticas intensivas de combate en las condiciones más adversas. Verdaderos simulacros de como se pelea en el frente. Pruebas de supervivencia dentro de los máximos rigores."

A la mañana siguiente, el aviso fue cambiado por este otro:

"Quedan aplazadas las maniobras, por lluvia."

***

Un señor llama por teléfono a una casa, y le contesta un chiquillo:

— Bueno. . .

— ¿Está don Rogelio?

— No señor, mi papá no está.

— ¿Puedes tomar nota de un recado para él?

— Sí señor, voy por un lápiz.

Pausa. El niño regresa.

— Traje un lápiz, pero no sirve. Mejor voy por una pluma.

Otra pausa. Al fin:

— Mira, apunta que cuando llegue. . .

— Un momento, señor. Creo que mejor tomo el recado de palabra, porque yo todavía no sé escribir.

***

Una muchacha está ayudando a su anciana madre a salir del coche, pero por más esfuerzos que hace, no logra moverla.

— A ver, vamos a probar otra vez. Tú agárrate de mis hombros, y yo te jalo por la cintura.

Pero todo es inútil, y la señora sigue clavada en su asiento. Así están forecejeando durante un largo rato, hasta que al fin la madre dice:

— ¿No adelantaríamos algo si me quitaras el cinturón de seguridad?

***

Un señor grande tenía deseos de volverse a casar, pero le daba pena hablar del asunto con su hijo ya adulto. Este, por su parte, parecía no entender, pues cuando el padre le dijo que durmiendo solo sentía frío por las noches, el muchacho le compró un calentador, y al decirle que no había quien le frotara la espalda, le regaló un rascador. Cuando un día el joven fue a decirle que había conocido a una muchacha y que pensaba casarse, el padre refunfuñó:

— No veo por qué. Con que te compres un calentador y un rascador. . .

***

Un neurólogo tenía fama de ser muy lacónico en sus instrucciones a los pacientes que acudían a consultarlo para afecciones del sistema nervioso. Un día le preguntaron cómo le hacía para señalar sus tratamientos en tan pocas palabras, y respondió:

— A todos les pregunto si juegan ajedrez. Si contestan que sí, les digo: " ¡Suspéndanlo!"; y si dicen que no, les digo: " ¡Practíquenlo!".

***

Uno que no llevaba bien sus cuentas, expidió un cheque sin fijarse que no tenía fondos. Al rato le hablaron del banco para decirle que su cheque no era bueno, y él exclamó indignado:

— ¡Cómo no va a ser bueno, si en la chequera todavía me quedan muchos más!

Después de una revolución, asumió la Presidencia de aquel país un político cuya audacia era muy superior a su cultura. Pocos días después, los directivos de una planta de automóviles invitaron al flamante Presidente y a su Gabinete para mostrarles los últimos modelos. Luego de haber examinado uno de ellos, el Primer Magistrado le dijo al Gerente de la planta:

— Me gustaría tener uno de esos, ¿cuánto vale?

— Señor, sería un honor para nosotros que nos permitiera obsequiarle uno.

— ¡Yo no quiero obsequios! —replicó muy dignamente el Presidente—. Yo quiero comprarlo y pagarlo. ¿Cuánto cuesta?

Entonces el Gerente le dijo un precio irrisorio, algo así como el equivalente de cien pesos mexicanos. El Presidente reflexionó por unos instantes, y llamando a su Ministro de Hacienda, le dijo:

— ¿Oyó usted? Están rete-baratos. Pida uno para mí y otros diez para el Gabinete.

***

El director de una campaña en pro de la unidad familiar rinde su informe al Ministro:

— Dispuse que todas las noches, de las diez en adelante, se hicieran llamadas telefónicas a los hogares, para preguntarles a los padres si sabían en dónde estaban sus hijos.

— Muy buena idea.

— Sí, señor Ministro, pero el sistema fracasó.

— ¿Por qué?

— Porque casi todas las respuestas eran de hijos que no sabían en dónde estaban sus padres.

La mamá va a consulta médica acompañada de su hijito. Mientras el doctor atiende a la señora, el chiquillo se entretiene tocando todos los objetos del consultorio, ante la mirada tensa y disgustada del médico. Luego se mete al cuarto anexo, donde está el laboratorio, y de pronto se oye una rompedera de vasos y probetas.

— ¡Juanito, ven acá! —le grita su madre.

Pero el doctor hace un gesto, y dice con malévola sonrisa:

— Déjelo, señora. Espero que pronto llegue a los venenos.

* * *

Miguel de Unamuno daba una conferencia sobre Shakespeare, y cada vez pronunciaba ese nombre tal como se escribe en castellano, o sea Sha-ques-pea-re. En un momento dado, uno del público se atrevió a corregirle:

— Se dice Cheikspier.

El conferenciante se limitó a mirarlo, y sin contestarle prosiguió su disertación, pronunciando siempre Sha-ques-pea-re. Al poco rato, el otro insistió:

— Cheikspier.

Entonces, Unamuno dijo:

— Está bien, si el señor lo prefiere, diré Cheikspier.

Y continuó la conferencia en inglés.

* * *

— Un científico ha descubierto que la música moderna es buena para la sordera.

— Pues yo pienso que la sordera debe ser muy buena para la música moderna.

* * *

Uno va de visita a la casa de un amigo.
— Veo que tienes un bonito piano.
— Sí, lo uso para saber la hora.
— ¡Pero esto es absurdo!
— No, ahora verás.
Se pone a aporrear el instrumento, golpeándolo con toda la fuerza, hasta que por el patio se oye una voz que grita:
— ¿Cómo se atreve a hacer este ruido? ¿No se da cuenta de que ya son las once y media?

* * *

Un chiste cruel. Niño a su padre:
— Papá, préstame tu ojo de vidrio, que se me perdió una canica.

* * *

Otro chiste cruel. Niño a su madre:
— Mamá, déjame tocar el piano.
— No, que luego arruinas las teclas con tus garfios.

* * *

Otro más. Niños de la vecindad a señora:
— Dígale a Carlitos que se venga a jugar beis con nosotros.
— ¿Pero qué no saben que el pobre de mi hijito no tiene brazos ni piernas?

— No importa. Al fin, que sólo lo usamos como cojín de tercera base.

***

La esposa de un delincuente platica con su madre:
— El pobre de mi marido tendrá que pasarse veinte años en la cárcel por haberse robado un millón de pesos en joyas.
— ¡Qué barbaridad! ¿Y ahora, qué será de ti, hijita?
— No te preocupes por eso, mamá.
— ¡Cómo no voy a preocuparme! ¿Qué piensas hacer?
— Ir vendiendo las joyas.

***

Un aldeano viene a la capital, y queriendo rasurarse, va en busca de una peluquería. De pronto, al pasar por el Palacio de Bellas Artes, ve un rótulo que dice: "Hoy, El Barbero de Sevilla. Boletos en taquilla". Se acerca y pregunta:
— ¿A qué horas da servicio este barbero?
— Empieza a las nueve de la noche.
— ¡Qué horario tan raro! Pero, en fin, déme una ficha.
— Dirá usted un boleto. Son cien pesos.
— ¿Cien pesos? ¡Usted está loco!
— Es que es el mejor Barbero del mundo. Prueba de ello, es que ya ha vendido más de mil boletos para esta noche.
— ¡Mil boletos! Entonces, nada, porque si tiene que rasurar a tanta gente, a mí me vendría tocando hasta dentro de un mes.

***

Cuando se casaron, Nicéfaro le decía "chulita" a su mujer.

Ahora ella ha engordado tanto, que ya no le dice chulita, sino chuleta.

* * *

En la Rusia soviética un comisario local está tratando de indoctrinar a un campesino muy ignorante en política.

— ¿Sabes quién fue Lenin?

— No.

— ¿Sabes quién fue Stalin?

— Lo ignoro.

— ¡Es inconcebible! ¡Esto te pasa por estar todo el día metido en tu casa y no asistir a los mítines del Partido!

— Un momento, camarada comisario, ¿sabe usted quién es Malinski?

— No, este nombre no me suena.

— Pues si usted se quedara en casa en vez de ir a tantos mítines políticos, sabría que Malinski es el fulano que se acuesta con la mujer de usted.

* * *

Dos perros de la cortina de hierro logran fugarse y cruzar la frontera de un país libre. Cuando ya están al otro lado, un perro le dice al otro:

— Ahora ya podemos ladrar.

* * *

Uno recibió una hoja de propaganda que decía: "Si quiere hacerse rico fácilmente y sin esfuerzo, mande veinte pesos a esta dirección y le daré la fórmula." Por curiosidad envió los veinte pesos, y a los pocos días recibió la respuesta:

"Haga lo mismo que yo."

***

— Me siento muy desanimado. Creo que nunca llegaré a ser nada en la vida.

— No digas eso. Piensa que a tu edad Einstein era un desconocido.

— Sí, pero también pienso que a mi edad Mozart ya llevaba quince años de muerto.

***

Un automovilista llama por teléfono a su compañía de seguros.

— Quiero reportar el robo parcial de mi coche. Me han robado el volante, los pedales y el tablero de los instrumentos.

El empleado, un tanto sorprendido, toma nota del reporte. Dos minutos después vuelve a llamar el asegurado.

— Olvídelo, me había metido en el asiento de atrás.

***

Aquella ama de casa tenía tan mal carácter, que ninguna criada le duraba. La última que tuvo se marchó indignada, y en el momento de irse, viendo que la señora se hallaba en estado, le dijo con sorna:

— Espero que el varoncito nazca bien.

— ¿Por qué crees que será niño?

— Porque a usted no hay mujer que la aguante nueve meses.

***

Un niño a su madre:

— ¿Te has fijado en lo raro y feo que es el bebé de nuestros vecinos? Con razón la señora lo traía escondido debajo de la falda.

***

En el cuartel.

— Mi capitán, su esposa acaba de pasar en su coche por la puerta.

— ¿Y qué? A cada rato pasa un coche por la puerta.

— Sí, pero es que esta vez estaba cerrada.

***

En el registro de automóviles.

— ¿No podría usted darme la misma matrícula de la vez pasada? Así no tendré que aprenderme la nueva.

— Veré si puedo complacerlo. ¿Cuál es su matrícula actual?

— Este . . . en seguida vuelvo, voy a verla en el coche.

***

Uno lleva su reloj al taller porque se ha parado. El relojero mueve una pieza, y en cuestión de segundos se lo devuelve funcionando perfectamente.

— Ya está, son cinco pesos.

— ¡Asombroso! ¿Cómo le hizo?

— Si quiere que le conteste a esa pregunta, en lugar de cinco pesos, serán cinco mil.

— La mejor medicina para los males del hombre es el amor.

— ¿Y si no surte efecto?

— Duplíquese la dosis.

***

Un chino nacido en San Francisco, California, fue una vez a conocer la tierra de sus padres. Recorrió detenidamente Pekín, visitando todos sus edificios y avenidas, y cuando al terminar le preguntaron si quería conocer algo más contestó:

— Sí, me gustaría ver el barrio chino.

***

Durante las maniobras navales, el Almirante de pronto exclama:

— Aquí debería haber tres acorazados, y no veo más que dos. ¿Dónde está el otro?

Los oficiales se miran entre sí. El Almirante insiste:

— ¿En dónde está el tercer acorazado?

— Perdone, Almirante, pero está usted en él.

***

Los vecinos del 5 y del 6 se llevaban muy bien y se guardaban muchas atenciones. Sabiendo los del 5 que era el santo del niño del 6, le enviaron de regalo un tambor, con una nota que decía: "Con todo afecto, para el niño del 6, de sus vecinos del 5". Al día siguiente, el niño llamó a la puerta del 5. Venía muy bien arregladito, como si se fuera de viaje, con su tambor y una nota al cuello que decía: "Para los queridos amigos del 5, con todo afecto, de sus vecinos del 6."

* * *

Uno que tenía algunas tierras y propiedades se hizo del partido comunista, y al preguntarle por qué había hecho eso, siendo él un propietario, contestó:
— Precisamente, porque con lo que ya tengo y con lo que me toque el día del reparto, voy a ser rico.

* * *

— ¿De qué está hecha esta tela?
— El 90% de fibras desconocidas, y el resto de materiales sintéticos.

* * *

Hombre del campo a turista:
— No hay duda de que la humanidad progresa. Mire usted, mis antepasados cultivaron siempre este pedazo de tierra, y yo también, pero nuestra profesión ha sido cada vez distinta. Por ejemplo, mi abuelo era labrador.
— ¿Y su padre?
— Campesino
— ¿Y usted?
— Agricultor
— ¿Y su hijo, qué será?
— Agrónomo.

* * *

Un hombre de negocios fue a proponerle un asunto sucio a un político que tenía fama de venderse fácilmente, y sin más rodeos le dijo:

— Si acepta, le regalo cien mil pesos.

— Me parece poco. No olvide que yo tengo mi precio.

— Es que como me dijeron que estaba usted en oferta. . .

* * *

Al atardecer va un matrimonio en coche por la carretera buscando un lugar para pasar la noche, pero todos los moteles están llenos. Al fin el marido ve un rótulo de "Hay vacantes" y se detiene, pero su mujer le dice:

— Si hay cuartos desocupados, es que no debe ser muy bueno. Mejor buscamos otro.

* * *

Un muchacho de apenas 24 años, pero muy brillante, fue nombrado jefe de redacción de un periódico. El Director, temiendo que pudiera parecer demasiado joven a juicio de los lectores, ordenó que en la respectiva nota se pusiera que el nuevo jefe tenía 28 años. Al día siguiente el periódico publicaba dos noticias, una junto a la otra. La primera decía: "Este es el Sr. X., de 28 años, nuestro nuevo jefe de redacción." Y la segunda: "Este es el matrimonio X., padres de nuestro jefe de redacción, que ayer celebraron sus bodas de plata."

* * *

Gumersindo juega en el equipo de basquetbol de la escuela. Faltando 20 segundos para terminar el partido y viendo que el marcador está 87-86, decide congelar la bola llevándola de un lugar a otro para hacer tiempo. Al fin el árbitro pita, y el entrenador va furioso hacia Gumersindo.

— ¿Por qué congelaste la bola?

— Porque el marcador estaba 87-86.

— ¡Sí, pero los de 86 eramos nosotros!

* * *

Un escritor de escasa valía que se decía especialista en biografías, fue una vez al encuentro de Einstein, diciéndole:

— Maestro, cuando usted muera, yo escribiré su biografía.

Y el sabio respondió:

— Hace usted bien en decírmelo, porque esto será un estímulo más para seguir viviendo.

* * *

Entre dos hombres casados:

— Yo no tuve relaciones íntimas con mi esposa sino hasta después de casarnos. ¿Usted las tuvo antes?

— No sé. ¿Cómo se llama ella?

* * *

Un comerciante, después de haber fracasado en varios negocios, puso una tienda de antigüedades con la cual empezó a ganar mucho dinero. Un día un amigo le dijo:

— Sé que te está yendo muy bien con las reliquias y las antigüedades.

Y el hombre contestó:

— Sí, no hay duda de que mi porvenir está en el pasado.

***

Refiriéndose a cierto magistrado muy severo, alguien decía:

— Es un juez implacable. Su ideal sería poder condenar siempre a las dos partes.

***

Madre e hijo:

— ¿Qué te enseñaron hoy en la escuela?

— La maestra nos habló de como Moisés cruzó el Mar Rojo. Figúrate que al llegar a la orilla y ver aquella inmensidad de agua, mandó llamar a un batallón de ingenieros mecanizados que vinieron en helicóptero y que por medio de computadoras hicieron los cálculos para la construcción de un puente que se levantaba electrónicamente.

— ¡Qué barbaridad! ¿Es así como tu maestra les enseña el paso del Mar Rojo?

— Bueno, no precisamente, quizá yo añado algo. . . pero es que si te dijera como ella nos lo contó, te morirías de la risa.

***

El Presidente de una gran Compañía llama al Gerente:

— Queda usted destituido, a causa de las quejas que acerca de su comportamiento he recibido del Administrador, del Jefe de Ventas y del Contador.

— ¿Y quiénes son ellos para criticarme? ¿Que no sabe usted que el Administrador es un vulgar estafador, que el Jefe de Ventas nos traiciona con la competencia, y que el Contador se roba todo lo que puede?

— Bueno, bueno, sólo era una broma. En realidad, no hay ninguna queja.

— Como será usted, señor Presidente. . . ¡Mire que hacerme decir estas cosas de mis tres mejores colaboradores y amigos!

***

— Le vendo este equipo fotográfico que yo ya no uso. ¿Cuánto me da por él?

— Cien pesos.

— ¡Cien pesos! ¡Pero esto es una ofensa, un insulto!

— Aquí le dejo mi teléfono por si cambia de opinión.

— Un momento. ¿Se da usted cuenta de que me ha ofendido?

— Sí señor

— ¿No le da vergüenza hacerme una oferta tan humillante?

— No señor.

— Está bien, acepto.

***

Un general que había sido hecho prisionero por el enemigo, contaba con todo lujo de detalles como había logrado escapar, adornando su relato con los más vivos toques de valentía y heroísmo. Cuando él creía que su auditorio había quedado profundamente impresionado, sufrió una fuerte decepción al escuchar una voz que decía:

— Ahora, mi general, cuéntenos cómo lo capturaron.

***

Un ex-presidente asiste a la boda de la muchacha,

y un invitado le pregunta:

— ¿Y usted por qué no llegó a casarse con la chica?

— Quedé eliminado en las semi-finales.

***

Dos turistas en la Rusia soviética entran a un restorán y piden albóndigas, pero en cada plato encuentran una tan dura que ni la pueden masticar. Llaman al mesero:

— Oiga, estas dos albóndigas no se desbaratan.

— Es que no son albóndigas. Son los micrófonos.

***

A un niño muy brillante se le llama "genio" si es nuestro, y "presumido" si es ajeno.

***

— ¿Tú crees que todos los compradores de obras de arte son verdaderos aficionados?

— Depende. Si un hombre paga 3,000 pesos por un cuadro, es porque le gusta a él. Si paga 300,000 es porque le gusta a los demás.

***

Marido a mujer:

— Antes de casarnos, prometiste que te cuidarías de toda mi ropa.

— Y tú prometiste que me llevarías al teatro una vez por semana.

El hombre desvía la mirada y comenta a media voz:

— Ya veo, sólo fueron promesas de campaña electoral.

Si queremos vender un objeto viejo nos lo pagarán como "vejestorio", pero si queremos comprarlo tendremos que pagarlo como "antigüedad".

* * *

En una oficina pública, solicitante a burócrata:
— Vengo a presentar una queja.
— Tendrá que hacerlo por escrito.
— ¿Acaso esto ayudará en algo?
— A usted no sé, pero a mí me ayudará a turnar el caso a otra persona.

* * *

¿Cómo puede ser la democracia el gobierno de las mayorías, si quienes empujan a las mayorías son unas pequeñas minorías?

* * *

— ¿Sabías que el pobre de Rubén se murió durante el viaje por querer dormir con la ventana abierta?
— ¿Iba en tren?
— No, en submarino.

* * *

— ¿Cuál es el colmo de un médico?
— Llamarse Expedito Mata Lozano.

* * *

Un abuelo lleva a su nieto al bosque para que escoja su arbolito de navidad. Viendo que pasan las horas y que el chico no encuentra ninguno a su gusto, al fin le dice:

— Ya basta de caminar, vamos a llevarnos el primero que encontremos.

— ¿Aunque no tenga foquitos?

***

Cosas de nuestros tiempos. Ama de casa a carnicero, por teléfono:

— Haga el favor de enviarme cien pesos de carne, y dígale al mandadero que si no estoy, la meta por debajo de la puerta.

***

La joven esposa recibe una llamada telefónica del banco:

— Señora, dígale a su marido que su cuenta está sobregirada en más de cinco mil pesos.

— ¿Cinco mil pesos? ¡Imposible! ¡Nosotros nunca hemos tenido tanto dinero!

***

En la estación del ferrocarril.

— Oiga, ¿ese tren es de carga o de pasajeros?

— De carga.

— ¿Y qué carga?

— Pasajeros.

***

Oculista a paciente, durante el reconocimiento:

— Mire hacia arriba . . . ahora a la derecha . . . a la izquierda . . . mire hacia abajo.

El paciente va obedeciendo. De pronto el doctor hace una pausa, y a continuación dice:

— Muy bien, ahora mire hacia dentro.

* * *

Una señora que tenía 5 hijos, sentía una especial predilección por uno de ellos, que no era el de mejor aspecto, ni el más estudioso, ni el más inteligente. Además, refunfuñaba mucho y hacía enojar continuamente a su madre. Un día le preguntaron a la mujer cuál era la causa de su preferencia, y contestó:

— Sí, ya sé que es el más flojo y rebelde de todos, pero es el único que cuando vuelve de algún mandado, me trae una flor.

* * *

Un día San Pedro llama por teléfono a Satanás:

— Tú rompiste la barda que separa el cielo del infierno, y tienes que repararla. Si no lo haces, te pondré pleito.

— ¿Pleito? ¡Ja, ja! ¿Y de dónde vas a sacar un abogado, si todos están aquí?

* * *

Otro diálogo entre los mismos personajes. Dice el Diablo:

— Te reto a un partido de béisbol.

— Sería demasiada ventaja para mi equipo —replica San Pedro—; piensa que yo tengo aquí a Joe Dimaggio, a Babe Ruth, a Lou Gherig . . .

— ¿Y eso qué? ¿No ves que yo tengo a todos los ampayers?

***

En el cuartel de operaciones navales, el jefe va dando órdenes sobre los movimientos de un convoy a través del Atlántico, en tanto que las chicas del servicio femenino, ataviadas con unas graciosas faldas y subidas a unas escaleras, van marcando en un enorme tablero la situación de cada barco. De pronto el jefe interrumpe la operación y exclama:

— ¡O estas señoritas se ponen pantalones, o no respondo de que el convoy llegue a su destino!

***

— En mi opinión la música moderna es formidable.
— Tal vez, ¿pero por qué tendría que haber llegado en esta época?

***

Los jefes de varios países de la cortina de hierro están reunidos en una junta socialista del más alto nivel. A la hora de la comida, como nadie piensa ir a un restorán por ser una costumbre capitalista, el jefe búlgaro saca un sandwich de jamón, el jefe polaco una torta de picadillo, el rumano un bolillo con sardina, el húngaro una rabanada de pastel, y así cada quien lo suyo, hasta que finalmente el ruso saca dos viles pedazos de pan sin nada entremedio. Entonces uno de los asistentes le dice a otro en tono de admiración:

— Estos rusos siempre se nos adelantan. Hasta en la comida nos llevan dos años de ventaja.

***

A las playas de Inglaterra llegó una botella con un mensaje que decía: "Naufragué en una isla donde no hay políticos, ni impuestos, ni tráfico, ni terroristas ni contaminación ambiental. ¿No les da envidia? No les digo donde es, para que no se les ocurra venir a buscarme."

***

En el juzgado.
— Le condeno a una multa de cinco mil pesos por insultos a la autoridad. ¿Tiene usted algo que decir?
— Sí, mucho . . . pero con estos precios, prefiero callarme.

***

— ¿Cómo se hacen diez millones de bolillos en una semana?
— Duros.

***

Un joven alpinista pierde el equilibrio y cae el abismo, pero de milagro logra sujetarse a una rama, quedando suspendido sobre el vacío.
— ¡Auxilio! —grita—. ¿Hay alguien allá arriba?
Entonces oye una voz procedente del firmamento, que en tono solemne y majestuoso le dice:
— Yo te salvaré, pero tienes que tener fe en mí, una fe absoluta y ciega.
— La tendré.
— Está bien, suéltate de la rama.
— ¡Pero si me suelto, voy a rodar hasta el fondo!
— Yo te recogeré en tu caída. ¡Vamos, suéltate!
— No me atrevo.
— ¿Esta es la fe que tienes en mí? ¡Te digo que te sueltes!

Se produce una pausa, y luego se oye de nuevo la voz angustiada del alpinista:

— ¿Que no hay nadie más allá arriba?

***

Una señora llega a la escuela y se encara con el maestro de su hijo.

— ¡Soy la mamá de Luis López!

— ¿Es un alarde, o una disculpa?

***

Un borrachito pasa por una gasolinera y le pregunta a la bomba:

— ¿Dónde está la cantina más cercana?

Repite la pregunta otras dos veces, y al ver que el aparato no le contesta, lo increpa:

— ¡Quítate ese dedo del oído, y podrás oírme!

***

El capitán llega al cuartel de noche, y el centinela, que lo conoce, lo deja pasar sin el rito del santo y seña. Entonces el oficial lo regaña:

— ¿Que no conoce usted el reglamento? ¡Vaya modo de cumplir con sus deberes! ¿No sabe que cuando alguien llega sin identificarse, tiene que dispararle?

— Perdone, mi capitán. Ahora, ¿quiere usted retroceder y volver a probar?

***

A las tres de la madrugada uno llama por teléfono a la casa del médico:

— ¡Ay, doctor, no puedo dormirme, padezco de insmio!

— ¿Y qué se ha propuesto usted: propagar la epidemia?

* * *

Después de haber asistido a un acto de Paz y Amor, una muchacha le cuenta sus impresiones a una amiga:

— Esto es lo que la humanidad necesita: Paz y Amor. Ahí está la salvación del mundo. Tenemos que querernos todos para ser felices en la vida.

— Tus padres se alegrarán al oír expresarte así.

— Oh, no, a mis padres no les voy a decir nada, porque a ellos ¡no los soporto!

* * *

Un hombre casado le muestra a un amigo la foto de su mujer en una lancha.

— ¿Qué te parece?

— Es una preciocidad. ¿Qué velocidad alcanza?

* * *

Dos amigos pasados de copas van de noche por la calle, cuando uno de ellos señala algo derramado en el suelo.

— Cuidado, no pises eso . . . parece mugre.

El otro se agacha y mira.

— No es mugre, es jarabe.

Para salir de dudas, se untan los dedos y lo prueban.

— ¿Sabe raro, verdad?

— Sí, pero no creo que sea mugre.

— A ver, volvamos a probar.

Repiten la prueba, poniéndose en la boca mayor cantidad de la extraña sustancia, hasta que de pronto los dos la escupen con repugnancia.

— ¡Tenías razón, es mugre!

— Pues qué bueno que nos dimos cuenta a tiempo, porque si no, la pisamos.

***

El puerto de Tampico siempre ha sido muy castigado por las inundaciones. En una de ellas murió ahogado un tampiqueño, y al llegar al cielo fue recibido por San Pedro, quien en aquellos momentos estaba platicando con un desconocido. El Santo le preguntó quién era y de dónde venía.

— Señor, vengo de un lugar donde el agua subió muchísimo y se inundó.

Al oír eso, el desconocido produjo una irónica sonrisita.

— ¿Qué tanto subió el agua? —preguntó San Pedro.

— Unos ocho o diez metros.

La risa del intruso sonó esta vez más fuerte y burlona. El tampiqueño, molesto, preguntó quién era aquel individuo que se estaba mofando de él, y el Santo le contestó:

— No le hagas caso. Es Noé, el del Diluvio.

***

Los recién casados van a consultar al ginecólogo.

— Doctor, somos muy jóvenes, queremos gozar de la vida . . . y no quisiéramos tener familia por ahora. Usted comprende, ¿verdad? ¿Qué nos aconseja?

— Para eso es muy bueno un jugo de naranja.

— ¿Un jugo de naranja . . . y nada más?

— Nada más.

— Y diga, doctor, ¿el jugo tiene que ser antes de, o después de?

— No, en vez de.

* * *

En un casino donde se juega muy fuerte se presenta una bellísima rubia.

— Señores, ¿me permiten apostar una sola vez a la ruleta?

Todos los caballeros aceptan encantados. Ella pone su apuesta en el 18 rojo, el croupier acciona la ruleta, y mientras ésta gira, la despampanante rubia se quita toda su ropa, quedando completamente desnuda. De pronto dice:

— 18 rojo, yo gano.

Rápidamente mueve la ruleta, recoge todo el dinero de la mesa y se va. Los demás se quedan pasmados, hasta que uno pregunta:

— Bueno, ¿pero alguien vio si realmente salió el 18 rojo?

* * *

— ¿De modo que usted no sabe cuántos lunares tiene su esposo?

— No, doctor, ni lo sabré nunca, porque me casé con un negro.

* * *

Antes de ir a la fiesta, la señora alecciona al marido:

— No bebas demasiado, no cuentes chistes malos, no hables con señoras casadas, no te metas en discusiones políticas, no te acerques a desconocidos, ni intentes llamar la atención. En fin, tú limítate a divertirte.

Un estudiante desordenado y derrochador que ya no podía sacarle más dinero a su padre, telegrafió desesperadamente a un tío:

"Necesito dinero. Si no me manda usted mil pesos, tendré que vender mi cadáver al Instituto Médico."

El tío contestó:

"No puedo enviarte nada, tendrás que esperar. Entretanto, ve vendiendo tu cadáver por kilos."

***

Dos ingenieros de caminos están estudiando un problema técnico por cuenta del Gobierno. Uno dice:

— Para que los automovilistas vean mejor las indicaciones en las carreteras, yo propondré al Ministerio que los postes indicadores sean elevados 50 centímetros.

— No estoy de acuerdo. Yo propondré que se baje medio metro el nivel de las carreteras.

***

El marido llama por teléfono a su mujer:

— Acabo de conseguir dos boletos para el teatro.

— Magnífico. Empezaré a arreglarme en seguida.

— Harás bien. La función es para pasado mañana.

***

Una señora, hecha un manojo de nervios, llama por teléfono a los bomberos:

— ¡Hay fuego en mi casa!

— ¿En qué dirección?

— De la cocina a la recámara.

— Pregunto que cómo podemos llegar a su casa.

— ¡Pues con el carro de bomberos!

* * *

En el hotel donde se hospeda, le preguntan a un campeón de box:

— ¿Quiere que le consigamos un cohe?

— No, ya puedo conseguirlo yo.

— ¿Quiere que le subamos las persianas?

— No, ya sé subirlas yo.

— ¿De veras no quiere que le ayudemos en nada?

— No sé por qué todos se empeñan en ofrecerme ayuda. El único lugar donde podrían ayudarme sería en el ring . . . ¡y allí me dejan solo!

* * *

Le preguntaron a un hombre de mundo:

— ¿Usted qué considera más importante: el vino o las mujeres?

— ¿Cuál: el blanco o el tinto?

* * *

Uno llega a las puertas del cielo pidiendo permiso para entrar, y San Pedro lo interroga:

— ¿De dónde vienes?

— De México.

— ¿Qué hacías allí?

— Era árbitro de futbol.

— ¡Hmm! Con la fama que ustedes tienen, ¿y todavía quieres entrar al cielo?

— Es que yo fui siempre muy honesto, jamás me vendí ni me dejé presionar. Yo fui el único árbitro mexicano que en una final de campeonato, ¡jugando en

Guadalajara!, estando el marcador empatado y faltando escasos segundos para terminar el juego . . . ¡mar-
qué un penalty en contra de las Chivas!

— ¿Tú hiciste eso?

— Sí, señor San Pedro, yo lo hice.

— Pues sí que fuiste valiente, y en este caso tienes
derecho a entrar. Pero dime una cosa: ¿cuándo sucedió esto?, ¿cuándo fue que marcaste el penalty contra
el Guadalajara?

— ¡Orita, hace apenas dos minutos!

* * *

Un cronista teatral, refiriéndose a una actriz ya cin-
cuentona que seguía empeñada en hacer papeles de dama joven, y no queriendo lastimarla con sus comenta-
rios, dijo de ella simplemente lo siguiente:

— Es una actriz excelente, de lo mejor que ha dado
el teatro, sobre todo haciendo de dama joven. Con
justa razón ya es famosa en esos papeles desde hace
más de treinta años.

* * *

Cuando Mozart estaba en el pináculo de su fama, recibió un día la visita de un aficionado a la música que
iba a ofrecerle unos elevados honorarios a cambio de
que le explicara cómo se escribía una sinfonía. Mozart
reflexionó y contestó:

— No sé . . . creo que no podría explicárselo.

— ¡Pero Maestro! ¡Si usted escribió sinfonías cuando apenas tenía diez años!

— Sí, pero nunca pregunté cómo.

* * *

El dueño del restaurante instruye al nuevo mesero:

— A todos los clientes que pidan sopa, consomé o arroz, les preguntarás si lo quieren con o sin huevo. Por cada huevo que vendas yo te daré cincuenta centavos.

Al terminar la semana el patrón saca la cuenta de cada quien, y resulta que el mesero nuevo cobra el doble que los otros.

—¿Cómo le hiciste para colocar tantos huevos? —le pregunta un compañero.

— Muy sencillo. En lugar de preguntar si quieren la sopa con o sin huevo, yo les pregunto si la quieren con uno o con dos.

***

— A mí siempre me ha fascinado el ballet. Cuando tenía 30 años, iba para ver a las bailarinas.

— ¿Y después?

— Cuando tenía 40, iba para oír la música.

— ¿Y luego?

— Bueno, ahora que tengo 50, voy porque las butacas son muy cómodas.

***

Aquel pobre cieguito era tan iluso, que se pasaba el día cometiendo una travesura tras otra, sólo para que le dijeran: ¡Vas a ver . . .!

***

Poco después de la segunda guerra mundial, un maestro de escuela alemán enseñaba a sus alumnos a odiar a los ingleses con toda el alma. Un día le preguntaron la causa de su aversión, y él se justificó narrando el siguiente episodio:

Apenas terminada la guerra —dijo—, varios patriotas nazis nos unimos para seguir combatiendo al enemigo y atacar a las fuerzas de ocupación. De un modo u otro conseguimos una buena cantidad de armas que guardábamos celosamente en un lugar secreto en espera del momento oportuno. Yo era entonces Alcalde de mi pueblo. Además, tengo el título de Barón, y había sido Coronel de mi ejército. Un día se presentaron en mi casa cuatro oficiales enemigos: un francés, un inglés, un americano y un ruso, diciendo que yo debía acompañarlos al ayuntamiento, pues tenían órdenes de catear el edificio por sospechar que allí se ocultaban armas. Al oír eso, les dije en tono solemne: "Caballeros, les juro por mi honor de Alcalde que en el ayuntamiento no hay ninguna arma." Los cuatro oficiales se miraron entre sí, y el francés dijo: "A mí me basta la palabra del señor Alcalde", y se fue, pero los otros tres insistieron en la inspección. Entonces me erguí con gallardía y exclamé: "Juro por mi honor de Barón que en el ayuntamiento no hay ninguna arma". El americano contestó que mi palabra era suficiente para él, y también se marchó, quedando el inglés y el ruso que persistían en hacer el cateo. Ante eso, me cuadré marcialmente y dije en tono heroico: " ¡Juro por mi honor de Coronel y de militar que en el ayuntamiento no hay ninguna arma!" El ruso también se mostró convencido y se retiró, quedando únicamente el inglés que, a pesar de todos mis juramentos, se empeñó en ir al ayuntamiento. Por eso digo yo que los alemanes podremos convivir con quien sea, con los franceses, con los americanos, con los rusos . . . pero nunca con los ingleses, ¡jamás con esa gentuza que no cree en la palabra de honor de un Alcalde, de un Barón, de un militar!

— Bueno —dijo un oyente—, supongo que al llegar al ayuntamiento el inglés se llevaría su buen chasco.

— ¡Cómo iba a llevárselo el muy condenado, si era precisamente allí donde estaban todas las armas!

* * *

Dos amigos pasados de copas vienen en un coche zig-zagueando por la carretera. De pronto uno de ellos grita:

— ¡Cuidado con aquel puente, que se nos viene encima! ¡Apártate!

— ¿Que me aparte? . . . ¿Pero que no eres tú quien viene manejando?

* * *

— No, mamá, yo no puedo casarme con Roberto. Ni es joven, ni guapo, ni rico. Además . . .

— ¿Además, qué?

— Ni siquiera me lo ha propuesto.

* * *

Un vendedor ambulante va pregonando su mercancía:

— Agujas y hilos . . . aquí, barato . . . Agujas y hilos.

Pasa alguien y le explica que debe decirse "agujas e hilos", después de lo cual el vendedor sigue pregonando:

— Hilos e agujas . . . aquí, barato . . . Hilos e agujas.

* * *

— ¿Cuántos hijos tiene usted, señora?

— No sé, nunca los he contado.

***

No lea este chiste, no tiene caso. En realidad no es ningún chiste, pues no contiene situaciones cómicas ni respuestas ingeniosas. Es de lo más insípido y tonto que pueda imaginarse. Se lo decimos sinceramente, y por eso le recomendamos que no siga leyendo.

Vemos que no hace usted caso de nuestro consejo. ¿Es que no tiene confianza en nosotros? Bueno, allá usted si le gusta perder el tiempo en bobadas. Háganos caso y mejor póngase a leer otra cosa. De aquí no sacará nada, se lo aseguramos.

Parece que todo es inútil y que usted se ha empeñado en seguir leyendo algo que ni le interesa ni tiene gracia. ¡Vamos, hombre, decídase de una vez! Muestre su carácter, su disciplina. Ya ha desperdiciado tontamente un par o tres de minutos, y luego dirá que la vida es corta.

En fin, qué le vamos a hacer . . . Usted se ha empeñado en llegar hasta aquí, y lo sentimos de veras. ¿Qué ha ganado con leer esta sarta de tonterías? ¿De qué le ha servido? Pero no tiene derecho a quejarse, porque nosotros ya se lo advertimos desde el principio.

***

Dos futbolistas profesionales, muy enamorados de su deporte, platican un día acerca de si en el cielo se podrá o no jugar futbol. Al fin acuerdan que el que muera primero tratará de informar al otro.

Uno de ellos muere, y al poco tiempo su espíritu vuelve a la Tierra para decirle a su amigo:

— Tal como quedamos, vengo a informarte. Pero de las dos noticias que tengo que darte, una es buena y la otra es mala. ¿Cuál quieres primero?

— La buena, ¿cuál es?

Que en el cielo sí hay equipos de futbol. Todos los domingos jugamos.

— ¡Estupendo!, ¿y la mala?

— Que el próximo domingo debutas tú.

***

Ya se han pregonado todos los buenos principios y se han escrito todos los buenos consejos. Ahora sólo falta ponerlos en práctica.

***

Un empresario cinematográfico, dueño de varios salones, se casó con una muchacha que se decía señorita, pero que estaba muy lejos de serlo. Cuando al día siguiente un amigo íntimo le pidió sus impresiones, el hombre contestó:

— La entrada estuvo muy floja, a pesar de ser noche de estreno.

***

Dos comerciantes amigos se encuentran en la calle.

— ¿Y qué? ¿Cómo terminó aquel pleito que tenías?

— Asunto terminado. Triunfó el más honrado.

— ¡Hombre, cuánto lo siento!

***

El invitado llega muy retrasado a la fiesta, y la señora de la casa le dice:

— Lo siento, pero las muchachas bonitas ya se fueron.

— No importa, yo sólo vine para verla a usted.

La felicidad no es un lugar adonde llegar, sino un camino que hay que recorrer.

A medianoche un individuo toca a la puerta de la casa de un modesto doctor que tiene fama de bonachón y altruista.

—Ay, doctor, mi hijo está muy enfermo y quisiera que usted fuera a la casa. Pero ya sabe que soy muy pobre . . . ¿cuánto me va a cobrar?

El médico contesta que 30 pesos, y el cliente acepta. Se suben los dos al coche del doctor, y al llegar frente a la casa del supuesto enfermo, el hombre le dice:

— Bien mirado, quizá la cosa no sea tan grave. Yo creo que mejor visita usted a mi hijo otro día, pero de todos modos aquí tiene sus 30 pesos.

El médico pone cara de asombro, pero el otro le explica:

— Es que el condenado taxista quería cobrarme 50.

El joven matrimonio lleva a su hijo de dos años a que lo revise el médico. Es una criatura enclenque, enfermiza y deforme. Da pena verlo. Después de un prolongado reconocimiento, el doctor mueve la cabeza y dice:

— Veo muy mal a este niño. Tiene un soplo en el corazón, un pulmón está atrofiado, un riñón no le funciona, una pierna es más larga que la otra, los pies están chuecos, el hígado crecido; además, es sordo y miope.

La mamá se pone a llorar, y el papá pregunta con voz afligida:

—¿Qué nos aconseja, doctor?

—¿De veras quieren un consejo? Pues el mejor que puedo darles es que tiren esto a la basura y que hagan uno nuevo.

* * *

En ausencia del marido, ella recibe a otro hombre en su casa. Al cabo de un rato, el fulano dice:

— Será mejor que me vaya, no sea que venga tu marido.

— No te preocupes por eso, es un idiota.

En éstas entra el esposo, y viendo al desconocido le pregunta:

— ¿Se puede saber qué está usted haciendo en mi casa?

Y la mujer, dirigiéndose al amigo, exclama:

— ¿No te lo dije? Es un idiota.

* * *

Diálogo en la oficina, entre jefe y joven empleado. Dice el jefe:

— Bien, muchacho, muy bien. Por lo que he visto en estos dos primeros días, tú eres la persona que yo necesitaba. Estoy seguro de que vas a progresar rápidamente.

— Gracias.

— Tanto es así, que de una vez te voy a nombrar jefe de un departamento.

— ¡Estupendo!

— Y en una semana más, si sigues como hasta ahora, te nombraré sub-gerente.

— ¡Magnífico!

— Y a la otra serás el gerente general.
— ¡Maravilloso!
— ¿Estas contento?
— Sí papá.

* * *

Un anciano demacrado y enfermo entra a una agencia de inhumaciones.
— ¿Cuánto cuesta un ataúd?
Le dicen que hay de varios precios y le muestran diversos modelos. Cuando él ya ha hecho su elección, el empleado le pregunta:
— ¿Se lo mandamos a su domicilio, o se lo lleva puesto?

* * *

El director del periódico instruye al reportero novel en el sentido de que para cada foto tiene que redactar el correspondiente pie explicativo, con toda claridad y detalle para que los lectores no se confundan. Su primer trabajo es el de fotografiar al Alcalde de cierta población rural, montado a caballo, y la noticia sale publicada en estos términos:
"El Presidente Municipal de "X" con su caballo favorito. El Presidente Municipal es el de arriba."

* * *

Un sabio entomólogo, de esos especializados en insectos, está investigando en su laboratorio con una pulga, obligándola a brincar por medio de unas voces de mando.
— ¡Brinca, pulga, brinca!
El sabio registra en su libreta que con las cuatro pa-

tas la pulga brinca un metro. Le arranca una pata, le da la orden, y el insecto brinca 50 centímetros. Lo anota. Le arranca otra pata, y ahora sólo brinca 20 centímetros. Le quita una pata más, y esta vez el brinco es de 10 centímetros solamente. Todo lo va anotando. Por fin le arranca la última pata, y le ordena:

— ¡Brinca, pulga, brinca!

La pulga no se mueve. El investigador insiste:

— ¡Brinca, brinca!

Después de varios intentos inútiles, el sabio anota en su libreta:

"Pulga sin ninguna pata se vuelve sorda."

***

La joven señora recibe al marido y le dice:

— Hola, querido, vino el señor de la renta, aquí está el recibo.

— ¿El recibo? ¿Con qué le pagaste?

— Bueno, con lo que pude . . . y además hasta me dio un cheque.

El marido se aparta y murmura para sí:

— Viejo tramposo . . . quedamos en que el cheque era para mí.

***

El maestro hizo una lista de los alumnos que en su opinión debían ir con el siquiatra. En realidad la lista comprendía a todo el grupo, menos a Fermín. Cuando éste supo que quedaba excluido, le fue a reclamar al maestro:

— ¿Y a mí por qué no me manda con el siquiatra? ¿Qué tengo yo de raro?

***

Un cieguito bien vestido y acompañado de su perro entra a un restorán. El mesero le dice:

— Lo siento, señor, pero allí hay un aviso prohibiendo la entrada con perros.

El hombre empieza a retirarse, pero el encargado, que ha comprendido que se trata de un cliente honorable, lo alcanza.

— Puede usted entrar, caballero. El aviso es únicamente para los perros que vienen solos.

* * *

— ¿Por fin te casaste con aquella mecanógrafa que era tu secretaria?

— Sí, ahora es mi esposa.

— Tengo entendido que a ella le gustaba darse buena vía y gastar mucho dinero.

— Bueno, yo nunca le he prohibido que siga trabajando.

* * *

La joven y guapa señora va a ver al médico:

— Doctor, me duele la garganta.

— Tendrá usted que desvestirse completamente.

— Pero si sólo es la garganta . . .

— Está bien, déjese las medias.

* * *

Un marido poseía una barba de la que se sentía muy orgulloso, sobre todo porque su mujer se la elogiaba mucho y se la acariciaba todos los días. Una noche el hombre se fue de parranda con unos amigos, y éstos le rasuraron la barba, después de lo cual llegó a su casa y entró a la recámara. La mujer, que estaba acostada, prendió la luz al oír pasos, y exclamó:

— ¿Todavía no te has ido? ¿No ves que va a llegar el barbón?

* * *

Unos inditos que traen una recomendación del gobernador de su Estado logran llegar hasta el Presidente de la República para tratar un asunto de su comunidad, pero insisten en que la plática tenga lugar en el fondo del despacho, donde tratan el asunto. Ya para despedirse, el Presidente les pregunta:

— ¿Y por qué me llevaron ustedes tan misteriosamente hasta el fondo del salón?

— Porque el señor gobernador nos dijo que usted era un tal por cual, pero que en el fondo era buena gente.

* * *

Un monje está presidiendo una reunión en el convento y tratando asuntos de gran importancia, cuando de pronto estornuda.

— ¡Achi! —Y añade—: Jesús, María y José.

Al poco rato, otro estornuda.

— ¡Achi! . . . Alabado sea Dios.

Hasta que llega un tercer estornudo, y entonces exclama.

— ¡Achí! . . . ¡Ah chi-rrión, esto ya es un resfriado!

* * *

Al salir del teatro el matrimonio, descubren que han perdido la llave de la casa y deciden ir a un hotel. El encargado, muy serio y digno, les dice:

— Este es un hotel respetable. Sólo podemos dar cuarto a las parejas casadas.

— Nosotros lo estamos, esta señora es mi esposa.

— Tendrán que presentar algún documento que lo acredite.

Como no traen ningún papel, se quedan desconcertados y empiezan las discusiones entre ellos dos.

— Tú siempre tan inútil, que hasta las llaves pierdes.

— Y tú tan torpe, que no traes los duplicados que te di.

— Sí, ahora échame a mí la culpa.

— Contigo siempre hay dificultades.

El encargado interviene:

— Aquí tienen la llave de su cuarto. Ya me he convencido de que están casados.

* * *

En la calle, un inidividuo saluda a otro que pasa:

— Adios, Matías.

— Yo no soy Matías, pero de todos modos le voy a dejar mi tarjeta.

La tarjeta dice: "Doctor Juan Pérez - Oculista."

* * *

En la Edad Media un caballero regresa a su castillo tras una prolongada campaña, y encuentra a su mujer en brazos de Cyril, su mejor amigo.

— ¡Mujer infame! —exclama lleno de ira—. ¿Así correspondes a mi amor y a mi devoción? Y tú, Cyril, tú, mi mejor amigo, a quien siempre quise como a un hermano. . . ¡Jamás pensé que pudieras traicionarme! ¡Eres un malvado!. . . ¡Ciryl!. . . ¡Ciryl!. . . ¡Eh, CIRYL! . . . ¡Por lo menos deja de besarla mientras te hablo!

El Presidente de la ONU visita una unidad militar internacional, compuesta por elementos de diversas nacionalidades, cuya característica es la disciplina férrea y ciega. El jefe de la unidad, queriendo demostrar la heroica obediencia de sus hombres, llama a un soldado alemán y le ordena:

— ¡Saque su pistola, apúntese a la sien y dispare!

El soldado obedece y muere. Luego llama al japonés:

— ¡Apúntese al corazón y dispare!

El japonés se desploma muerto. En seguida llama a un mexicano:

— ¡Apúntese en mitad de la frente y dispare!

El mexicano esboza una sonrisa de amistosa indulgencia, y le dice:

— ¿Quihubo, mi jefe?. . . ¿Tan temprano y ya se le han subido las copas?

* * *

Durante la Segunda Guerra Mundial, un paracaidista fugitivo toca a las puertas de un convento y le abre una monja.

— Madre, por favor, escóndame, que me vienen persiguiendo.

— Bueno, pues . . . métete debajo de mis enaguas.

Una vez que ha pasado el peligro, sale el soldado y comenta:

— Madre, tiene usted unas piernas muy velludas.

— ¿Y qué esperabas? ¿No ves que yo aterricé poco antes que tú?

* * *

Letrero en la puerta de una casa:

"Pago mil pesos a mujer flaca y fea que haga todo lo que yo le pida."

Una muerta de hambre solicita el puesto, y el señor de la casa se la lleva a la recámara, donde le ordena desvestirse completamente, quedando como un costal de huesos y pellejos. Entonces llama a su hijita de cinco años, y mostrándole a la desconocida, le dice:

— Come tu sopa, hijita, si no, mira cómo te vas a poner.

***

— ¿Está el señor Cuevas?
— Sí, pero está dormido. Vuelva al rato.
Una hora después.
— ¿Está el señor Cuevas?
— Sí, pero está durmiendo.
— Oiga, ¿por qué antes me dijo que estaba dormido, y ahora me dice que está durmiendo?
— Es lo mismo.
— ¿Cómo va a ser lo mismo? ¿Acaso es igual estar fastidiado que estar fastidiando?

***

— ¿Por qué bebes el ron y el coñac en estas copotas tan grandes?
— Porque el doctor me dijo que nada de copitas.

***

El cura del pueblo tiene un tic muy marcado en un ojo, y un día uno de sus feligreses le dice:
— Debería curarse ese tic, señor cura. Cuando usted dice en la iglesia que no hay que desear la mujer del prójimo y cierra el ojo, todos creen que es un guiño y

lo malinterpretan. Vaya a una clínica de la capital, allí lo curarán.

El hombre llega de noche a la gran ciudad, y en la terminal aborda un taxi.

— Lléveme a un hotel serio (y guiña el ojo, con lo que el taxista, creyendo adivinar, lo lleva a una casa de mala nota).

Allí la patrona le pregunta:

— ¿Prefiere que le envíe a su cuarto una rubia o una morena?

— ¡Yo no quiero mujeres en mi cuarto! (tic) ¿Ni rubia ni morena! (tic) ¡Entiéndalo bien! (tic).

— Sí, creo que entiendo —responde la patrona, y asomándose al pasillo , grita —: ¡Chuchín, ven acá!

* * *

Dos amigos pasados de copas no encuentran el camino de su casa, y caminando al azar llegan a la vía del ferrocarril. Confundiendo los durmientes con los peldaños de una escalera, uno dice:

— Subamos por la escalera, a algún lugar nos llevará.

Se ponen a caminar en cuclillas, y al poco rato ya están cansadísimos. Entonces dice el otro:

— Quisiera saber por qué ese condenado ingeniero puso los barandales tan bajos.

* * *

Cuando el Papa Paulo VI visitó Tierra Santa, se le presentó un anciano judío de aspecto miserable y luengas barbas, que traía un papel en la mano, y que le preguntó:

— ¿Vuestra Santidad es el verdadero representante de Cristo en la Tierra?

— Así es —respondió el Sumo Pontífice.

— ¿Y Vuestra Santidad responde de los actos de Jesucristo?

— Evidentemente.

— Muy bien. Vuestra Santidad se habrá dado cuenta de que nos hallamos precisamente en el lugar donde existió el cenáculo en el que Jesús reunió a sus doce discípulos para la Última Cena.

— Así, es, en efecto.

El anciano mostró entonces el papel que traía en la mano, diciendo:

— Pues ha llegado el momento de reparar una injusticia histórica, porque Vuestra Santidad debe saber que fueron mis antepasados quienes sirvieron aquella cena, y que hasta ahora todavía nadie nos ha pagado la cuenta.

* * *

En una oficina, un empleado veterano instruye a otro de nuevo ingreso:

— No tome usted demasiado en serio las órdenes del Jefe, ni se apresure a cumplirlas, porque él cambia de opinión a cada momento.

— ¿Que sus órdenes no son categóricas y terminantes?

— No, aquí lo único categórico y terminante son sus indecisiones.

* * *

— ¿Así es que usted fabrica a la vez aviones y automóviles?

— Sí señor. Mi objetivo al principio era fabricar aviones que resultaran tan baratos como los automóviles, pero con esto de la inflación, he acabado fabricando automóviles que salen tan caros como los aviones.

***

Un turista americano, muy dinámico y que tiene diversos hobbies, visita Suiza en plan de recreo, pero cargando siempre sus palos de golf, su equipo de buceo y su tablero de ajedrez. Hallándose en el soberbio mirador sobre el Mont Blanc, desde donde se divisa el más esplendoroso panorama, le pregunta al guía:

— ¿En dónde está el campo de golf?

— Por aquí no hay campos de golf, señor.

— ¿Dónde podría bucear?

— ¿Bucear en las montañas? ¡Imposible!

— Al menos dígame dónde hay un club de ajedrez.

— Yo no sé de ninguno.

— Entonces, ¿qué voy a hacer? ¡Yo no he venido de tan lejos sólo para perder el tiempo contemplando paisajes!

***

Entre que llovía y hacía un frío de los mil demonios y que la película carecía de atractivos, nadie se paraba en aquel cine. Cuando alguien habló por teléfono preguntando a qué horas empezaba la función, le contestaron:

— Depende, ¿a qué horas podría usted venir?

***

En aquel país se implantó la semana de cuatro días, pero el sistema fracasó al descubrirse que cuatro días de trabajo no eran suficientes para recuperar el desgaste de tres días de descanso.

***

Un grupo de vecinos se dirigen al señor del 8 para decirle:

— Caballero, sería conveniente que corriera usted las cortinas de su departamento a las nueve de la noche, pues no es correcto que lo veamos acariciando a su esposa.

— Están ustedes equivocados y seguramente se refieren a otro departamento, porque a esa hora yo estoy siempre en el club.

* * *

Abraham está agonizando, y alguien acerca a sus labios un crucifijo para que lo bese. El moribundo, haciendo un esfuerzo, toma la cruz, la recorre con sus dedos, la mira con sus ojos vidriosos, la sopesa y murmura:

— Doy cincuenta pesos, ni un centavo más.

* * *

— ¿Usted cree que la televisión podrá llegar a sustituir el periódico?

— Imposible. Nomás trate usted de darse aire o de matar una mosca con el televisor.

* * *

Terminado el reconocimiento, el ginecólogo le dice a la linda paciente:

— Tengo una muy buena noticia que darle, señora.

— Señorita . . —corrige ella.

— Ah, en este caso tengo una muy mala noticia que darle, señorita.

* * *

— Yo tengo un amigo que se casó por poder.

— Pues yo tengo otro que no se casó por no poder.

* * *

Durante la guerra civil norteamericana, un combatiente del norte fue a la iglesia a confesarse, con un sacerdote que también era del norte.

— Acúsome, padre, de haber dado muerte con mi propia mano a docenas de sureños, militares y civiles. He dinamitado sus cuarteles, he incendiado sus hogares, he envenenado las aguas de sus pozos, he sacado los ojos a veinte oficiales y he degollado a cincuenta soldados.

Viendo que el sacerdote guardaba silencio, el confesante preguntó:

— ¿Por qué no dice usted nada? ¿Tan horrorizado está por mis crímenes?

— No, hijo mío, no es eso. Yo sólo estoy esperando a que acabes de hablar de política, para que empieces a contarme tus pecados.

* * *

El patrón regresa a la oficina después de haber estado un largo rato ausente, y pregunta:

— ¿Ya estuvo aquí la persona que iba a venir a cobrar una cuenta?

— No señor, no ha venido.

— ¡Ah, qué contrariedad! Ahora tendré que salir otra vez a la calle.

* * *

Uno quiere sacar un seguro de vida, y en la aseguradora le preguntan:

— ¿Maneja usted automóvil?

— No señor.

— ¿Bicicleta, motocicleta?

— Tampoco.

— ¿Lancha, avión, helicóptero?

— No señor, yo no manejo ningún vehículo.

— En este caso no podemos hacerle la póliza. Nuestra Compañía se arruinaría si se pusiera a asegurar peatones.

* * *

La señora está contando sus problemas al siquiatra.

— Y lo que más me preocupa es que a mi marido le ha dado por la bebida. Figúrese usted que la otra noche me lo encontré en la calle abrazado a un farol.

— ¿Y esto la afectó mucho?

— Oh sí, doctor, ¡estoy desesperada!

— Pues realmente es un caso muy raro, porque hasta ahora yo nunca había sabido de ninguna mujer que tuviera celos de un farol.

* * *

En la exposición de pinturas, una dama comenta:

— Qué cuadro tan feo . . . qué rostro tan desagradable . . . sin expresión y todo lleno de arrugas . . .

Uno que pasa por allí le dice:

— Perdón, señora, pero lo que usted está viendo es un espejo.

* * *

El marido llega a la casa y le dice a su mujer:

— Encontré a mi patrón en la calle.

— ¿Cómo está?

— No lo sé.

— A poco no lo saludaste . . .

— ¿Para qué, si estoy de vacaciones?

***

Washington, diciembre 1941, después del ataque japonés a Pearl Harbor. El presidente Roosevelt ha reunido a los más altos jefes de las fuerzas armadas pra estudiar la situación y escuchar su consejo. En primer lugar se dirige al Jefe del Ejército:

— En su opinión, ¿qué debería hacerse?

El interpelado saca del bolsillo una lista que trae preparada, y contesta:

— Ampliar la conscripción, establecer bases en ultramar, integrar cuarenta divisiones y duplicar la producción de armamentos.

A continuación le hace la misma pregunta al Mariscal del Aire, quien también saca una lista y lee:

— Intensificar la fabricación de bombardeos, ampliar los escuadrones de caza, adiestrar a más pilotos e instalar más equipos de radar.

Finalmente se dirige al Almirante Supremo de la Marina, quien igualmente saca una lista y empieza a leer en tono grandioso:

— Recoger el paraguas, comprar unos kleenex. . . —Se interrumpe avergonzado y prosigue a media voz—: Perdón, estos son los encargos de mi mujer.

***

— ¿Por qué los médicos que operan se ponen una máscara?

— Para que si el paciente muere, nadie pueda identificarlos.

* * *

Una mesera de restorán llega por la mañana al establecimiento, y antes de ponerse a trabajar entra al tocador y se pasa un buen rato haciendo muecas ante el espejo. Una compañera la ve y le pregunta:

— ¿Qué haces?

— Estoy ensayando mis diversas sonrisas, para ir repartiéndolas durante el día según las propinas.

* * *

— ¿Y qué tal salió el perro bravo que compraste?

— Muy bueno. Es tan bravo, que mi mujer y yo hemos tenido que mudarnos a la casa de unos parientes, porque el animal no nos deja entrar a la nuestra.

* * *

Sargento a recluta:

— ¿Con qué se limpia un fusil?

— Con aceite.

— ¿Y con qué más?

— Este . . . con estopa.

— Muy bien. ¿Y con qué más?

— Con . . . con . . . ¡ah, sí!, con mucho cuidado.

* * *

Un médico cuya escritura era del todo ilegible, escribió a un amigo y cliente invitándolo a cenar, pero éste no se presentó, y a los pocos días el doctor le habló por teléfono:

— ¿Recibió usted la nota que le mandé?

— Sí, doctor. La llevé inmediatamente a la farmacia, y ya me siento mucho mejor.

***

Aquel negociante en huevos estaba tan enamorado de su profesión, que bautizó a sus dos hijas con los nombres de Clara. . . y Ema.

***

En una ciudad provinciana de Estados Unidos. Turista a encargado del museo local:

— Me han dicho que aquí podría ver el cráneo verdadero de Abraham Lincoln.

— Lo siento, señor, este museo es todavía demasiado pequeño para eso. Quizá algún día lleguemos a tener el verdadero cráneo de Abraham Lincoln, pero por ahora sólo podrá usted verlo en los museos de Nueva York, Chicago y Boston.

***

— Oiga, mesero, estos ostiones son muy pequeños.

— Así es, señor.

— Y además, están pasados, hasta huelen feo.

— Muy cierto, señor. Precisamente por eso se los he traído de los más pequeños.

***

Uno llega tarde al futbol, cuando el partido ya ha comenzado, y pregunta:

— ¿Cómo van?

— Cero a cero.

— ¿Quién anotó el primer cero?

***

Es día de quincena, y durante la clase entra al salón el administrador de la escuela para entregarle su sobre al maestro. Cuando el pagador ya se ha marchado, un alumno indiscreto pregunta:

— ¿Qué es eso, profesor?

— Mi sueldo.

— ¿Su sueldo? ¡Pero cómo! ¡Se divierte usted teniéndonos encerrados, regañándonos, castigándonos, acusándonos con nuestros padres . . . y encima todavía le pagan!

* * *

— En toda la historia sólo ha habido un hombre verdaderamente indispensable.

— ¿Quién fue?

— Adán.

* * *

Un muchacho lleva por vez primera al futbol a su novia. Esta observa que cada vez que el portero ataja la bola, la gente aplaude entusiasmada, y al fin pregunta:

— ¿Por qué le aplauden tanto?

— ¡Pero qué no ves cómo está parando todo lo que le mandan!

— ¿Y qué tiene de particular? Para eso lo pusieron ¿no?

* * *

El patrón está instruyendo al nuevo empleado:

— Yo doy todas las órdenes con gestos. Si quiero la lista de precios, levanto el pulgar derecho. Si necesito el directorio telefónico, doy una palmada. Si me paso la mano por la frente, estoy pidiendo la chequera. Y si quiero que me comuniquen con el banco, doy un manotazo sobre el escritorio.

El empleado levanta una pierna, y mientras con ella golpea el suelo, contesta:

— Pues mire, señor, cuando yo quiero mandar al diablo a alguien, ¡doy un taconazo!

***

En los conflictos entre trabajadores y patrones, el que siempre sale perdiendo es el consumidor.

***

En 1979 se hizo cargo del Palacio de Versalles un nuevo Intendente General, quien, entre otros menesteres, recorrió los 183 puestos de guardia, ocupados todos ellos por apuestos centinelas, a los cuales saludó e interrogó acerca de su misión. Todos le fueron explicando por qué estaban ahí, uno para vigilar una entrada, otro para cuidar una fuente, el de más allá para proteger unas flores, y así sucesivamente los demás, excepto uno que no supo decirle por qué lo habían puesto en aquel lugar. El jefe de Guardias tampoco pudo darle razón.

Entonces, el celoso Intendente mandó desenterrar viejos archivos, buscando la orden en virtud de la cual se hubiera puesto un centinela en aquel sitio. La investigación duró mese, hasta que al fin recibió un reporte escrito que decía:

"En cierta ocasión hubo una verbena en los jardines de palacio, y para ello se mandaron pintar las bancas, pero una no secó a tiempo, por lo que aquella noche se puso un guardia junto a ella para prevenir a los invitados. Por alguna falla burocrática, el centinela no fue retirado al día siguiente, sino que continuó allí indefinidamente. Dicha verbena tuvo lugar en 1481, hace cinco siglos."

* * *

Un ajedrecista experto aceptó jugar con un principiante, y éste le dijo antes de empezar:
— No sería justo que jugásemos en igualdad de condiciones. Tiene usted que darme alguna ventaja.
— De acuerdo. Yo jugaré con una sola mano.

* * *

— ¿Se puede implantar el socialismo en un país?
— Por supuesto.
— ¿Se puede hacer de golpe?
— Claro que sí.
— ¿O poco a poco?
— También.
— ¿Y qué es preferible?
— Vivir en otro país.

* * *

— ¿Cuál es la misión de los sindicatos obreros en Rusia?
— Proteger al Gobierno en contra de la veracidad de los trabajadores.

* * *

Aquellos que en política rehuyen los extremismos (centristas) son igualmente mal vistos por los de derecha y por los de izquierda, del mismo modo que el que va por la mitad de una carretera se expone a ser atropellado tanto por los coches que van como por los que vienen.

***

Aquel locutor de la TV terminó su noticiero nocturno con estas palabras:

— Resumiendo: cinco asaltos en plena calle, tres bombazos en tiendas, huelga general de transportes para mañana, apagones por la sequía, aumentos en los impuestos, y otra devaluación de nuestra moneda para hacerla más fuerte. Esto ha sido todo por hoy, y nos despedimos deseando a nuestro auditorio una noche feliz y que en sus hogares reine la alegría.

***

Dos amigos casados están hojeando el periódico, y uno le dice al otro:

— Mira qué noticia. Un marido mató a su mujer porque le registraba los bolsillo. Voy a recortarla.

— ¿Y qué vas a hacer con el recorte?

— Ponérmelo en el bolsillo.

***

Un tipo que siempre vivió inconforme y amargado le dijo a alguien:

— Yo nunca he recibido lo que me merecía.

Y el otro contestó:

— Pues ha estado usted de suerte.

***

— Doctor, creo que tengo el mal de Michelson.

— ¿Cómo puede saberlo, si esa molestia no produce ningún dolor ni malestar?

— Es que estos son precisamente mis síntomas.

* * *

Lo mejor que se puede hacer con los buenos consejos es pasárselos a otros, porque a uno nunca le sirven.

* * *

Un caballero a una señora madre de familia:

— La maternidad es el estado perfecto de la mujer.

— Sí señor, sobre todo cuando los niños ya se han acostado.

* * *

Padre a hijo, viendo sus notas de la escuela:

— Mira que tus calificaciones son bien comunes y corrientes.

— No debe extrañarte, papá. Piensa que tengo un maestro común y corriente, en una escuela común y corriente, y que soy un chico común y corriente, de una familia común y corriente.

* * *

— Mi cirujano sólo opera en caso de necesidad.

— Quieres decir cuando el paciente necesita operación.

— No, cuando él necesita dinero.

* * *

Anuncio en un periódico:

"Se necesita camello para escena fílmica. Llamar al teléfono . . . También podría ser un dromedario. Otros animales favor de abstenerse."

* * *

— El dinero no lo es todo. Hay cosas mucho más importantes que el dinero.
— ¿Y usted tiene esas cosas?
— No.
— ¿Por qué?
— Porque son muy caras.

* * *

Cruzando el desierto en pleno verano, un automovilista se detiene en una fonda de la carretera, va hacia el mostrador y le dice el encargado:
— ¡Qué calor tan horrible! ¿A cuántos grados estaremos?
El otro abre el refrigerador y saca un termómetro.
— ¡Pero, hombre! —exclama el cliente—, ¿a quién se le ocurre meter el termómetro en el refrigerador?
— Es que si lo pongo fuera, la temperatura es insoportable.

* * *

Una muchacha sola va manejando por la carretera, cuando de pronto se le poncha una llanta. No viendo a nadie a quien pedir ayuda, se pone a trabajar ella misma. En estas llega otro coche, con dos muchachos, y la chica piensa que la van a ayudar, pero se equivoca, pues ellos simplemente se han detenido junto al vehículo y se dedican a contemplarla, sin bajarse. Decepcionada, la muchacha tiene que terminar el trabajo con sus propias manos, quedando extenuada y hecha un asco. Cuando ya cierra la cajuela para guardar las herramientas, oye que uno de ellos le dice al otro:

— Perdí la apuesta, toma tus cincuenta pesos. De veras, nunca pensé que pudiera cambiar la llanta ella sola.

***

— ¿Qué haría usted si yendo por el campo, viera que lo persigue un toro?

— Echaría a correr.

— ¿Y si el toro corre más que usted?

— Me subiría a un árbol.

— ¿Y si no hubiese ningún árbol?

— Me echaría al río.

— ¿Y si tampoco algún río?

— Oiga, amigo, ¡lo que usted quiere es que me agarre el toro!

***

El profesor deja de tarea a sus alumnos un trabajo escrito sobre la pobreza y sus efectos. Al examinar las pruebas, ve que una de ellas empieza así:

"Era una familia muy pobre. Las criadas y los choferes eran muy pobres. El mayordomo y el jardinero también eran muy pobres . . ."

***

— Ayer me compré un reloj.

— ¿De bolsillo?

— No, de pulsera,

— ¿Qué modelo?

— Automático.
— ¿Qué marca?
— La hora.

***

En plena ciudad uno va por la calle pellizcándose continuamente una oreja, y un curioso le pregunta:
— Perdone, pero ¿por qué se pellizca usted la oreja a cada momento?
— Lo hago para ahuyentar a los leones.
— ¡Pero si en la ciudad no hay leones!
— Esto demuestra la eficacia de mi sistema.

***

Hé aquí lo que les decían de pequeños a sus hijos las mamás de algunos célebres personajes:

La de Schubert: —Y procura no dejar nunca las cosas inconclusas.

La de María Antonieta: —Y no seas de esas mujeres que andan metiendo el cuello en todas partes.

La de Beethoven: —Y no me gusta que cuando yo te hablo te hagas el sordo.

La de Napoleón: —Cuidado con los waters, no te vayas a meter un día en el Water . . .loo.

La de Nerón: —Y cuando tengas un perro, ponle cualquier nombre menos el tuyo.

La de Colón: —Y fíjate bien por donde andas, porque es de tontos salir para un lugar y llegar a otro.

La de Maximiliano: —Y para hacer ejercicio súbete a un cerro, pero que no tenga campanas.

La de Madame Curie: —Y cuando te sientas aburrida, entreténte con el radio.

La de Goliath: —Y no te vayas a meter con cualquiera, aunque lo veas chiquito.

La de Aldrin (el cosmonauta): — Y una vez que hayas ido a la luna y a varios planetas, dedícate a viajar un poco.

La de Julio César: —Y si tienes que morir asesinado, que sea por valiente, por héroe, no por bruto.

La de Poncio Pilatos: —Y recuerda que es muy higiénico lavarse las manos.

***

Durante los tensos días que precedieron a la Segunda Guerra Mundial, había en Londres una inquietante incertidumbre. Todo eran cábalas y murmuraciones. Todos se hacían preguntas sobre si habría o no habría guerra. Uno de los más asediados era Tommy, el chofer del entonces Primer Ministro Neville Chamberlain, al cual sus amigos le preguntaban a cada rato:

— ¿Qué piensa el Primer Ministro de la guerra? ¿Qué dice?

— Nada. Lleva varios días sin hablar.

Y a la mañana siguiente:

— Tampoco nada. El Primer Ministro sigue sin hablar.

Y así todos los días, hasta que por fin una tarde el chofer llamó confidencialmente a sus amigos, los agrupó en torno suyo, y a media voz le dijo:

— Hoy ha hablado el Primer Ministro.

Todos abrieron los ojos.

— ¿Y qué te dijo?

— Me dijo: "Oye, Tommy, ¿tú qué crees? ¿Habrá o no habrá guerra?

***

En 1979 se desató en Moscú una terrible plaga de ratas. Agotados inútilmente todos los recursos locales y buscando consejo en el extranjero, el Primer Ministro Brezhnev le preguntó por teléfono al Presidente Carter si sabía de algún medio para combatir la epidemia.

— ¿De qué color son las ratas? —Preguntó el mandatario norteamericano.

— Pardas, negras, oscuras.

— Está bien, les voy a mandar un par de ratones blancos, junto con las explicaciones.

Llegaron los dos ratones blancos a Moscú, fueron echados al río, y los millones de ratas oscuras se lanzaron tras ellos, muriendo todas ahogadas. Al día siguiente Brezhnev envió el siguiente telegrama de agradecimiento a Carter:

"Excelentes resultados, reciba gratitud pueblo soviético. Ahora mándenos dos chinos blancos."

***

Entre chiquillas modernas.

— Yo ya sé cómo se hacen los niños.

— Pues estás muy atrasada, porque yo ya sé cómo no se hacen.

***

— ¿Qué haré para que las pulgas no me den tanta comezón?

— Echales alcohol.

— ¡Estás loco! Si en su juicio no las soporto, ¡imagínate estando borrachas!

***

Marido a mujer:

— ¡No lo niegues, ayer te vieron paseando con otro hombre!

— No comprendo tu enojo. ¿Qué cuando nos casamos no me dijiste que habíamos nacido el uno para el otro? Pues bien, yo ando con el otro.

***

El campanero de un pueblo, que era un artista en eso de tocar las campanas, fue despedido porque a veces se le pasaban las copas y se le olvidaba dar la hora. Desde entonces se ponía junto a la iglesia con algunos vecinos del pueblo, y cuando el nuevo campanero tocaba, por ejemplo, las siete de la tarde, él hacía una mueca de desprecio y les decía:
— Escuchen y comparen . . . ¡qué mugrosos sietes!

***

Dos amigos se encuentran.
— ¿Qué tal, Benito, cómo has estado?
— Muy bien, muy bien.
— ¿Y tu mamá?
— Perfectamente.
— ¿Y tus hijos?
— Sin novedad.
— ¿Cómo está tu mujer?
— Este . . . ¿comparada con quién?

***

Un automovilista atropella a un peatón. Se detiene, se baja, y al ver a su víctima debajo del coche, le dice:
— Oiga, ya que está usted ahí debajo, ¿no me quiere revisar el aceite?

***

El matrimonio está en el cine, cuando el marido observa que un fulano sentado junto a la mujer está intentando ciertas maniobras.

— Isabel, dile a ese tipo que no te esté molestando.

— Díselo tú, porque yo ni siquiera lo conozco.

***

Una muchacha que se casó hace poco, le cuenta a su amiga:

— En mi noche de bodas, ¡qué pena me dio desvestirme delante de Pedro!

— ¿Pedro? ¿Qué tu marido no se llama Esteban?

— Sí, pero es que aquella noche al pobre de Esteban lo atropelló un coche en la calle, y fue su amigo Pedro quien me lo trajo a la casa.

***

La joven señora acaba de tener su bebé en el sanatorio, y quiere darle ella misma la noticia por teléfono a su marido.

— ¿Beto. . .? Te llamo para decirte que ya nació nuestro hijito.

Hay un silencio al otro extremo de la línea, hasta que una voz pregunta:

— ¿Quién habla?

***

— Yo estoy muy contento con mi radiólogo. Si nota algo desagradable en una de mis radiografías y no quiere preocuparme, él mismo la retoca.

***

— Todas las mañanas, al levantarme, me digo a mí

mismo, en voz alta, las cosas que tengo que hacer durante el día.

— ¿Y te acuerdas de todas?
— Francamente no, muchas se me olvidan.
— Serás muy distraído.
— No, lo que pasa es que cuando me hablo no pongo atención.

***

Examen de historia.
— ¿Qué gran acontecimiento histórico tuvo lugar en 1769?
— No lo sé, profesor.
— Pues deberías saberlo, porque en ese año nació Napoleón. Ahora dime, ¿qué otro gran acontecimiento histórico tuvo lugar en 1772?
— Napoleón cumplió tres años.

***

— Le vendo este perro, es policía.
— ¿Cómo va a ser policía este perrito tan pequeño y miedoso?
— Seguro. Deje nada más que un desconocido se acerque a 50 metros de su casa, y él hará que usted se dé cuenta en seguida.
— ¿Qué hace? ¿Se pone a ladrar?
— No, corre a esconderse.

***

Dos tipos platican en la cantina. Uno dice al otro:
— El verdadero hombre tiene que tener las tres efes.
— ¿Qué quiere decir eso?
— Que tiene que ser feo, fuerte y formal.

— Ya veo. Entonces a usted solamente le falta lo fuerte y lo formal.

***

Entre dos hombres casados.

— ¿Pero cómo es posible que usted nunca haya tenido problemas en su matrimonio y que siempre se haya llevado bien con su mujer?

— Es que el mismo día de la boda hicimos un pacto, según el cual yo nunca le diría lo que tiene que hacer ella, pero en cambio, ella siempre me diría lo que tengo que hacer yo.

***

El mejor orador es aquel que sabe callar a tiempo.

***

Cuatro colegialas se fueron de pinta una mañana, y al día siguiente se justificaron ante el maestro diciendo que se había ponchado una llanta del coche en que iban juntas a la escuela, y como nadie las había ayudado y ellas eran inexpertas, se habían tardado varias horas, siendo esta la causa de que hubieran faltado a clases. El maestro les dijo:

— Está bien, no les voy a imponer ningún castigo, pero ustedes me tendrán que contestar, por separado y sin ni siquiera mirarse, a una pregunta que les voy a hacer por escrito.

Escribió cuatro papelitos iguales, los dobló, dio uno a cada una, y puso a las chicas de modo que no pudieran verse ni hacerse señas. Cuando ellas desdoblaron los papeles, palidecieron intensamente, sintiéndose perdidas. La pregunta era:

"¿Cuál de las cuatro llantas fue la ponchada?

* * *

De la circular de propaganda de una fábrica a sus clientes:

"Pruebe usted nuestro producto durante 30 días. Si queda complacido, sígalo comprando. Si no queda complacido . . . pruébelo otros 30 días más."

* * *

En la agencia de viajes.
— Quiero un boleto para San Luis.
— ¿San Luis Potosí, o San Luis Missouri?
— El que sea más barato.

* * *

El gerente de una empresa está checando por teléfono las referencias que ha dado uno que solicita empleo.

— ¿Hablo con la Compañía X . . .? Aquí está el señor Juan Pérez que dice haber trabajado con ustedes. ¿Cuánto tiempo trabajó?

— Más o menos una semana.

— ¿Una semana? Pero él dice que estuvo allí más de tres años.

— Ah, bueno, como estar sí estuvo más de tres años, pero lo que se llama trabajar, no fue arriba de una semana.

* * *

— Mi padre trabaja en el Gobierno.

— ¿Y está a gusto?

— Oh, sí, como pez en el agua.

— ¿Qué hace?

— Nada.

***

El aspirante a detective tiene que someterse a un examen de cultura general. Le preguntan:

— ¿Quién mató a Julio César?

El hombre dice que tratará de contestar al día siguiente, y se va para su casa, donde lo recibe su mujer.

— ¿Qué, ya te admitieron?

— Todavía no, pero debo haberles caído bien, porque ya me encargaron la investigación de un caso.

***

Un dinámico hombre de empresa, dueño de varios negocios y con una gran experiencia en métodos de trabajo y organización de personal, decidió financiar, con propósitos de lucro, a una orquesta sinfónica de reciente creación. Asistió al primer concierto, pasándose todo el rato tomando apuntes, y al día siguiente le envió al Director el siguiente instructivo:

1. No debe usted permitir que unos músicos dejen de tocar cuando usted voltea hacia el otro lado. Es preciso que sigan tocando todos, aunque no les esté viendo. La inactividad de unos es un mal ejemplo para los demás.

2. Si la partitura indica que algún músico debe dejar de tocar su instrumento por un rato, usted se encargará de que entretando toque otro instrumento. No quiero que nadie descanse en horas de trabajo.

3. Observé que había 12 violines y que todos tocaban lo mismo. Esto es un despilfarro. Le ordeno utili-

zar a un solo violín, y si quiere usted más volumen, ponga un amplificador.

4. Hay instrumentos que repiten lo que otros ya tocaron antes. Debe usted eliminar estos compases de la partitura, porque es absurdo que los metales pierdan el tiempo volviendo a tocar lo que ya tocaron las cuerdas.

5. Finalmente, usted dispondrá que los músicos toquen un poco más aprisa, para que la duración del concierto sea menor, con el consiguiente ahorro en salarios, luz y gastos generales.

***

El último tranvía de la jornada iniciaba habitualmente su recorrido a las diez de la noche, pero a causa de la escasez de energía, la Compañía decidió suspender aquella corrida, y puso un aviso que simplemente decía:

"Queda suprimido el último tranvía."

***

Una dama muy poética y sensitiva estaba tan enamorada de sus rosales y les atribuía tanta personalidad, que cada vez que alguna amiga la visitaba, le decía:

— ¿No gustas pasar al jardín, para que mis rosas te vean?

***

A un muchacho que iba a cumplir 18 años, le dijo su padre:

— Mañana es tu aniversario, ¿qué quieres de regalo?

— Me gustaría un reloj.

— Muy bien, ¿cómo lo quieres, qué marca, qué modelo?

— Por eso no te preocupes, viejo. Préstame tu pistola, y yo mismo me conseguiré el reloj.

* * *

Preparándose para el paseo dominical del día siguiente, el marido le dice a su mujer:

— He ideado un artificio mental para no olvidar nada. ¿Quieres que te diga de memoria los 14 objetos que mañana hemos de llevar en el coche?

Y, muy ufano, le enumera los 14 objetos, sin omitir ninguno. Luego, durante la noche, el hombre se repite mentalmente la lista varias veces. Al otro día, ya están en el campo, y para empezar la mujer le pide que saque el mantel. De pronto el marido se da una palmada en la frente y exclama:

— ¡Si vieras lo bien que todavía recuerdo los 14 objetos! Sólo que se me olvidó algo.

— ¿Qué?

— Traerlos.

* * *

Una señora a otra:

— Cuando me casé, mi marido era para mí todo el mundo . . . pero desde entonces he aprendido algo de geografía.

* * *

El gerente general de una gran negociación solía tratar a sus empleados con insolencia y majadería. Nunca correspondía a su saludo, los humillaba continuamente y les hacía mofa de todo. Pero he aquí que un buen día se cruzó en la calle con uno de sus oficinistas, y éste, después de saludarlo, quedó asombrado al ver que el gerente correspondía al saludo quitándose el sombrero. Al notar su azoro, el jefe le dijo:

— Yo también sé portarme correctamente cuando me da la gana, y por esta vez no he querido que un pobre diablo y un miserable gusano como usted tenga más cortesía que yo.

***

Un padre se pasó largos años enseñando a su hijo el valor del dinero.

— Si quieres triunfar en la vida, tienes que reconocer el valor del dinero —le decía todos los días.

Creció el muchacho, y entonces vino la carestía, la inflación, la devaluación y todas esas cosas que hicieron que las monedas se derrumbaran. Un día el padre llamó al joven y le preguntó:

— ¿Ya aprendiste bien el valor del dinero?

— Sí, papá.

— Pues mejor olvídalo.

***

En una población muy lluviosa había un juego de futbol cada fin de semana. El partido se programaba inicialmente para el sábado por la mañana, y si llovía se pasaba al sábado por la tarde, pero si volvía a llover se dejaba para la mañana del domingo. Un forastero que ignoraba esta rutina, quedó asombrado al ver que el anuncio decía:

"Si llueve por la mañana se jugará por la tarde, y si llueve por la tarde se jugará por la mañana."

***

Un periodista occidental le preguntó a un alto funcionario soviético cómo se atrevían a hacer elecciones en base a un solo candidato oficial. El hombre contestó:

— En Rusia hacemos lo mismo que Dios hizo en el paraíso, cuando le presentó Eva a Adán y le dijo: "Ahora elije a tu esposa."

***

En el cuartel, un soldado a su jefe:

— Perdone, mi capitán, pero mi esposa acaba de tener un bebé en el hospital y he venido a solicitar un permiso extraordinario.

— ¿Un permiso extraordinario? ¡Estás loco!

— Pero, mi capitán, es que acabo de ser padre.

— ¡Imposible ¡ ¡Yo no puedo darte ningún permiso extraordinario! Lo único que puedo hacer, dadas las circunstancias y porque la situación lo amerita, es concederte con mucho gusto un permiso ordinario.

***

Cuentan que en el siglo pasado hubo en Monterrey un terrible siniestro en el que perdieron la vida muchas personas. Por tratarse de una desgracia colectiva, el Ayuntamiento dispuso que las víctimas fuesen enterradas por cuenta del municipio, sin cobrarles nada a los familiares. Al enterarse de esto, un regiomontano corrió a su casa y les gritó a los suyos:

— ¡Vamonos muriendo "orita", que están enterrando gratis!

***

Entre dos jóvenes señoras amigas:

— Deberías pintar tu cocina de amarillo claro, se vería más amplia.

— Pues voy a seguir tu consejo, porque ¡si supieras cómo estoy necesitando un poco más de espacio!

***

En los Estados Unidos le preguntaron a un exiliado ruso:

— ¿Usted dónde nació?

— En San Petersburgo.

— Dirá usted en Leningrado.

—Ojalá fuera lo suficientemente joven para poder decir que nací en Leningrado.

***

Un muchacho de escasos 13 años envió un pequeño ramo de flores a su primera novia, con una nota que decía:

"Con todo mi amor, y con todos mis ahorros."

***

Le preguntaron a un políglota si tenía preferencia o desagrado por alguna lengua, y contestó:

— A mí no me gusta ni me disgusta ningún idioma, excepto el italiano.

***

Cuando aquel hombre de negocios abandonó al fin todas sus actividades para retirarse a la vida privada,

***

Un signo de nuestros tiempos es la devaluación sufrida por las propiedades y viviendas de amplia superficie. Cuando los Peláez visitaron a los González, vieron que éstos vivían en una casa bastante grande, con varias recámaras, dos garages, patio y jardín. Al comentar la señora Peláez que el quehacer doméstico resultaba algo pesado, la señora González replicó inmediatamente:

— Lo que ustedes deberían hacer es mudarse. Estoy segura de que con esta casa y unos doscientos mil pesos más, podrían encontrar algo mucho más pequeño.

***

Un rico industrial quiere hacer ingresar a su hijo a una escuela muy selecta, pero el dicho no logra pasar el examen de admisión. Después de la prueba, el director del plantel le explica al papá:

— Lo siento, señor, pero su hijo no está preparado. Le pregunté cuántos eran cinco y tres, y me contestó que nueve.

A lo que el padre replica:

— No sea tan fijado, hombre. Después de todo, sólo se equivocó de dos.

***

Empleado a patrón:

— Señor, debería usted aumentarme el sueldo. Sepa que varias compañías andan detrás de mí.

— ¡Cuáles compañías?

— La de luz, la de teléfonos y la de seguros.

sus amigos y asociados le ofrecieron un banquete y después de los discursos le obsequiaron un regalo. Al ver de qué se trataba, el homenajeado volvió a levantarse y les dijo:

— Francamente yo no los entiendo a ustedes. Acabo de decirles que en lo sucesivo el tiempo ya no me importará y que lo mismo me dará que sea una hora que otra, y todo lo que se les ocurre regalarme . . . es un reloj.

***

En el límite de los estados de Guanajuato y Michoacan, en México, hay un puesto de fresas con este rótulo: "Ultima oportunidad para comprar fresas a 20 pesos kilo", con lo que muchos automovilistas se detienen para comprar la mayor cantidad posible de fresas. Un día a un turista se le ocurrió preguntar:

— ¿Así es que en el otro estado las fresas ya tienen otro precio?

— Sí señor. Sólo aquí se pueden comprar todavía a veinte pesos kilo.

— ¿Y a cómo las dan en el otro lado?

— A dieciocho.

***

Una joven viajera y exploradora cuenta a sus amigas:

— En mi último viaje estuve en un lugar tan desértico y despoblado, que se podía caminar mil kilómetros sin encontrar a un solo hombre.

-- Bueno, supongo que al fin encontraste alguno.

— Sí, pero me llevé chasco, porque aquel hombre no quería más que una cosa: ¡agua!

***

Un turista visita Alcalá de Henares, en España, y se queda extasiado contemplando una casa vieja, fea y medio destruida. El guía le pregunta:

— ¿Por qué tanta admiración? ¿Qué tiene de particular esta casa?

— ¡Hombre! ¡Aquí nació Cervantes!

— ¿Cervantes? ¡Bah! Si no fuera porque escribió unas novelas, nadie lo conocería.

***

Al dueño de un negocio de abarrotes le cayeron los inspectores de Hacienda.

— Las utilidades que ha declarado son muy bajas. Seguramente usted ha ganado más.

— Les aseguro que no. Mi declaración es correcta.

— Sin embargo, hay muchas deducciones por gastos de viaje. Viajes a París, a Río de Janeiro, a las Vegas...

— Bueno, se me olvidaba decirles que yo también entrego a domicilio.

***

A una criada se le cayó al suelo toda la vajilla, pero educada a la alta escuela, le dio la noticia así a su patrona:

— Señora, su vajilla que antes era de 36 piezas, ahora es de 52.

***

El buque ha naufragado, y los pasajeros se amontonan en la cubierta luchando por tirarse al agua para alcanzar una lancha de salvamento. Un inglés muy flemático que anda por ahí fumando su pipa, se limita a decir:

— No empujen, no empujen, que hay suficiente mar para todos.

***

Aviso en el tablero de una escuela:
"Mañana junta de maestros en la Dirección. Asuntos a tratar: minguno en especial. Motivo de la Junta: que ya pasaron 30 días desde la última."

***

En una ciudad de provincia había un periódico muy chismoso que gustaba de meterse en la vida de todo mundo. Su lema era:
"Si no quiere que nuestro periódico lo publique. . . ino lo haga!"

***

La principal terminal ferroviaria de Londres es la estación Waterloo. Un día un militar de alto rango aborda un taxi en el centro de la ciudad, y le dice al chofer:
— ¡A Waterloo!
— ¿La estación, señor?
— Por supuesto. Ya sería demasiado tarde para la batalla.

***

En la casa el marido está mirando por la ventana mientras su mujer retira la mesa después de comer. De pronto él dice:
— Mira, ahí va la fulana esa que tiene amores con el vecino de arriba.

La esposa suelta los platos, haciendo una rompedera fenomenal, y golpeándose contra los muebles corre a la ventana.

— ¡Enséñamela! ¿Quién es?

— Aquella de azul que va cruzando la calle.

— ¡Pero si esa es su mujer!

— Por eso lo digo.

***

En una reunión social.

— Fíjese en aquella persona junto a la ventana, ¿es hombre o mujer?

— Es mujer. Me consta, porque es mi hija.

— Oh, perdón, no sabía que usted fuera su padre.

— ¡Soy su madre!

***

Un caballero entra a un restorán, y ve que en una mesa próxima a la suya hay un individuo de aspecto grosero que a cada momento regaña e increpa a los meseros, quienes tienen que aguantarse, pero se nota en ellos el deseo de vengarse de algún modo. El caballero termina primero, paga la cuenta y se dirige a la salida, donde están dos de los meseros, y al pasar oye que uno le dice en voz baja al otro, refiriéndose al majadero:

— Qué asco . . . pero ¿ya viste? ¡Se lo comió!

***

En el taller automotriz:

— La reparación le va a salir algo cara, señor Martínez, pero su coche, que ya era bastante viejo, ha quedado como nuevo.

— ¿Le han cambiado algunas piezas?

— No, se las hemos cambiado todas.

***

En una gran metrópoli de nuestra época.

— Me han dado una fortuna por un terreno que yo tenía dentro de la ciudad. Fueron unos ingenieros a verlos y parece que encontraron algo.

— ¿Oro?

— No.

— ¿Petróleo?

— Tampoco.

— ¿Pues qué fue lo que encontraron?

— ¡Espacio para estacionar coches!

***

— Cuando estuve en París vi muchas películas atrevidas. Hombres guapos y atléticos acariciando a bellísimas mujeres y hablándoles apasionadamente.

— Debes haberte divertido mucho.

— Pues ni tanto, porque como no tenían títulos en español y yo no sé francés nunca supe qué se decían.

***

Un maestro de escuela a otro:

— Yo no creo que la ciencia de la educación haya avanzado tanto como dicen. Cierto que ahora enseñamos Gramática moderna, y Física moderna, y la nueva Geografía, y las nuevas Matemáticas . . . pero los pretextos de los alumnos siguen siendo los mismos de siempre.

***

Dos monjas van a visitar a un cirujano plástico. Una de ellas le dice:

— Doctor, le traigo a esta compañera que dio un mal paso, tuvo un desliz.

— Para eso tendrán que ver a un ginecólogo. Yo soy cirujano plástico.

— Precisamente, doctor. Lo que queremos es que le quite esa cara de satisfacción que le ha quedado.

***

Una señora y su hijita de 5 años entran a una tienda. La niña pide:

— Mamá, cómprame un muñeco de chocolate.

El tendero le ofrece uno, pero la chiquilla lo rechaza.

— Dije un muñeco, y esta es muñeca.

— Pero si es lo mismo.

— No, no es lo mismo. El muñeco trae más.

***

El marido observa que su mujer se pone una ropa interior muy linda y sugestiva después de lo cual se dispone a salir.

— ¿Adónde vas?

— A ver a un nuevo dentista que me han recomendado, al cual no conozco.

— ¿Y esa ropa interior?

— Por si acaso es un sin vergüenza.

***

Arturo Toscanini tenía una forma muy diplomática y sutil de decir las cosas. Un día llegó a su orquesta un nuevo trompetista que no tocaba a gusto del maestro, por lo que éste interrumpió el ensayo para decirle:

— Me gustaría que diera usted una expresión más vibrante, más enfática.

Prosiguió el ensayo, y Toscanini lo volvió a interrumpir:

— La índole de la frase musical requiere una ejecución más sonora, más penetrante. Quiero que las notas suenen como impregnadas de un aliento emocional.

El pobre músico miraba de un lado a otro, sin acertar a comprender aquel lenguaje tan elevado, cuando uno de sus compañeros, acercándosele al oído, le dijo:

— Que toques más fuerte, hombre.

***

Un exaficionado al golf, que se había quedado ciego, retó un día a un maestro. Este, un tanto cohibido, le dijo:

— Acepto con mucho gusto, pero entiendo que debo concederle alguna ventaja.

— Ninguna —repuso el invidente—, vamos a jugar en igualdad de condiciones.

— Muy bien. ¿Cuándo será el match?

— La noche que usted quiera.

***

Un caballero de edad y una preciosa muchacha van solos en el elevador. De pronto se va la corriente y quedan atrapados entre piso y piso. Pasan dos horas. Al fin él dice con una tenue sonrisa:

— Me parece maravilloso que usted y yo estemos envejeciendo juntos.

***

Jefe de boy-scouts a sus muchachos:

— Y no olviden que todos los días hay que realizar una buena acción.

Al poco rato llegan al campamento unos oficiales de tránsito y le dicen al jefe:

— Está bien que los chicos traten de ayudar a sus semejantes, pero debe usted advertirles que una buena acción no consiste precisamente en prevenir a los automovilistas de que nuestra patrulla está al acecho entre aquellos árboles.

***

Sólo los desfavorecidos son capaces de cambiar el mundo. Nadie que tenga cuatro ases en la mano pedirá que se vuelvan a dar las cartas.

***

Con el 30% de los alimentos que consumimos vivimos nosotros. Con el 70% restante viven los médicos.

***

Después de las vacaciones se reanudan las clases en la escuela, y cada maestra va enviando su informe a la Dirección. "A mí me faltaron 8". "A mí me llegó el 75%". De pronto se recibe un nuevo informe que dice:

— ¡Auxilio! ¡A mí me llegaron todos!

***

No hay ningún sistema político o social, por bueno que sea, que funcione adecuadamente si de vez en cuando no se le da cuerda.

***

— ¿Por qué llevas los anteojos en el cuello?
— Porque me los prestó un amigo que es más bajito que yo.

***

Era un río tan pequeñito e insignificante, que sólo tenía una orilla.

***

Juanito ha salido a la banqueta a jugar con su patín, pero vuelve a entrar a la casa sin él. Su madre le pregunta:
— ¿En dónde está el patín.?
— Se lo presté a un señor que iba con su hijo. Me lo devolverán a las seis.
La mamá mueve desconfiadamente la cabeza. Dan las 6, las 6 y media, y nada. Al fin, ya cerca de las 7, aparece el señor con el otro niño y el patín.
— Tiene usted un hijo muy servicial —le dice el caballero a la mamá.
Entonces Juanito revisa el patín, ve que esté completo, se mete la mano al bolsillo, saca un objeto, y dirigiéndose al señor le dice:
— Muy bien, aquí tiene usted su reloj.

***

El niño llega a la casa todo amoratado, y su padre le pregunta:

— ¿Qué pasó?

— Tuve una discusión con otro chico y nos liamos a golpes.

— Por lo que veo, sacaste la peor parte. Tendré que enseñarte a boxear.

La madre interviene:

— Será mejor que lo enseñes a correr.

* * *

Mamá a hijo adolescente, hablando de su primera novia:

— ¿Por qué le gustas a esa muchacha?

— Porque le parezco fuerte, inteligente, guapo . . .

— ¿Y ella por qué te gusta a ti?

— Porque le parezco fuerte, inteligente, guapo. . .

* * *

— Póngame un ejemplo de un optimista.

— El que inventó el avión.

— Ahora, el ejemplo de un pesimista.

— El que inventó el paracaídas.

* * *

Una señora sube al autobús urbano y paga con un billete de cien pesos. El chofer, para vengarse, le da el vuelto en monedas chicas, hasta llenar las palmas de su mano. Entonces la mujer le dice:

— Me ha dado de menos. Hágame el favor de volver a contar.

* * *

— ¿Qué pasó con la computadora que instalaron en

tu oficina?

— Algo muy chistoso. Ordenó que se despidieran a varios funcionarios . . . entre ellos el que había decidido comprarla.

***

En plena Segunda Guerra Mundial, Churchill se dirige una noche a pronunciar un discurso por radio, cuando su coche sufre una avería y tiene que ponerse a buscar rápidamente un taxi en medio de la espesa niebla.

— Lléveme a la B.B.C.

— No puedo —dice el taxista—, tengo que ir al sindicato para escuchar el discurso del Primer Ministro.

— Le daré tres libras esterlinas.

— La oferta es tentadora, pero no puedo.

— ¡Cinco libras!

— Está bien, vengan las cinco libras y que se vaya al diablo el viejo charlatán de Churchill.

***

Madre a hija:

— Cuando yo tenía tu edad, las chicas decentes no andábamos cogidas de la mano de los muchachos.

— Pero, mamá, es que ahora las chicas decentes tenemos que sujetarles las manos a los muchachos.

***

La esposa le preguntó al marido qué quería de regalo de aniversario, y él contestó que lo que había visto en unos almacenes junto al parque. Al otro día fue la mujer a los almacenes y pidió que le mostraran todas las gorras de campo que tuvieran. En una de ellas encontró un papelito que decía:

"Esta es la que me gusta."

***

Un hombre de más de 50 años se ofreció un día para llevar al mercado, en su auto, a una vecina, una señora ya grande y algo mayor que él. Ella tardó mucho en arreglarse, y al fin salió muy elegantemente vestida. Cuando el caballero elogió su buen gusto, la mujer respondió:

— Mi madre me decía que hay que llevar siempre las espuelas puestas, porque una nunca sabe cuando encontrará caballo.

***

Un soldado escribió a su casa contando que lo habían ascendido, y explicaba: "No es mucho todavía, pero el ascenso significa que si hay varios baños que limpiar, a mí me tocará el que esté menos sucio."

***

Dos amigos van al hipódromo y pierden en las cinco primeras carreras, en tanto que un señor que anda por ahí las ha ganado todas.

— Debe saber algo —comenta uno de los amigos—, así es que vamos a seguirlo. Ve y compra exactamente lo mismo que él.

Al poco rato regresa el otro con un sandwich y un refresco.

— Toma, esto es lo que compró.

***

— A mí lo que más me gusta de la televisión son los comerciales. Es lo único que se puede ver completo y sin cortes.

***

En el registro civil:
— ¿Es usted casado?
— Sí señor.
— ¿Con prole?
— No señor, con Lupe.
— Prole quiere decir hijos.
— Ah sí, tengo un prolo y una prola.

***

Entre alumnos de equitación:
— Yo tengo un maestro magnífico.
— Mejor que el mío no puede ser. Con decirte que él enseñó a montar a los cuatro jinetes del apocalipsis. . . sis . . .

***

Un rico hombre de negocios, muy distraído por cierto, fue una vez a Guadalajara en su propio avión, pero regresó a México en automóvil en compañía de unos asociados. Unos días después le hablaron por teléfono desde Guadalajara:
— ¿Qué hacemos con su avión?
— Ah, ¿conque está allí? Ya me decía yo que en algún lugar tenía que haberlo dejado.

***

Le preguntaron a un experto orador cuál era el secreto de la buena oratoria, y contestó:

— Primero hay que eliminar todo lo que no debe decirse. Lo que queda es tan poco, que se puede improvisar fácilmente.

***

— ¿Qué tal tu nueva mecanógrafa?

— Es muy voluntariosa, pero tiene una pésima ortografía. Menos mal que no sabe escribir a máquina.

***

El gobierno de un país subdesarrollado delibera sobre la reorganización de su fuerza aérea. El ministro del ramo dice:

— Necesitamos comprar diez aviones y adiestrar a veinte pilotos.

— No alcanza el dinero —objeta el Presidente.

El ministro reflexiona, y luego contesta:

— Ya sé: compraremos un solo avión, y que se vayan turnando los pilotos.

***

Entre músicos de la nueva ola:

— ¿Por qué no te dedicas a la música clásica?

— Ya lo he intentado, pero cada vez que toco algo de Chopin oigo una voz que me dice: "No toques, no sigas . . ."

— ¿Una voz? ¿De quién?

— No sé. Debe ser la de Chopin.

***

Una señora, acompañada de un niño, visita al siquiatra.

— Doctor, estoy terriblemente preocupada por mi hijo, y quiero que lo examine. Mi angustia es muy grande.

— Está bien, ya me ocuparé de él, pero entretanto es preciso que usted misma se calme, pues la veo muy afectada. Tome estas pastillas tranquilizantes, y sobre todo, procure despreocuparse.

Pasan quince días, y al ver que la señora no vuelve a consulta, el siquiatra le habla a su casa:

— Señora, sólo quería informarme de cómo ha seguido su hijo.

— ¿Mi hijo? ¿Y a mí qué diablos me importa mi hijo?

***

Instructor de golf a practicante:

— Cuando se disponga a efectuar un tiro, no mire tanto a la bolsa de los palos, que le pueden robar la pelota.

El alumno se concentra en la bola, sin perderla de vista, y al fin tira. Luego, al volverse, señala un punto del césped y le dice al instructor:

— ¿Ve usted? Ahora me robaron los palos.

***

Dos actrices cinematográficas vuelven a encontrarse después de muchos años sin verse, y una dice a la otra:

— Recuerdo aquella película que hiciste en 1930, fue magnífica. Lástima que no pude ver la anterior, porque yo estaba entonces en el kinder.

— ¿Tú en el kinder? No sabía que hubieras sido educadora.

***

Un caminante va por el campo y le pregunta a un labrador:

— ¿A qué distancia está la laguna?

— A cuatro kilómetros, siga el camino.

Media hora después le pregunta a otro campesino:

— ¿A qué distancia está la laguna?

— A cuatro kilómetros, siga el camino.

Más tarde le pregunta a un leñador:

— ¿Falta mucho para la laguna?

— Unos cuatro kilómetros, siga el camino.

El paseante se seca el sudor y murmura para sí:

— Menos mal que no estoy perdiendo terreno.

***

A uno que trabajaba en un taller muy ruidoso le aconsejaron que se pusiera dos filtros de cigarrillo en los oídos. Como los filtros le raspaban, le recomendaron que previamente los untara con vaselina. Una noche, en una reunión, mientras untaba los filtros para tenerlos listos al día siguiente, alguien le preguntó:

— ¿Qué marca de vaselina usa usted?

— Cualquiera. Unicamente la utilizo para untar los cigarrillos.

— ¿Y qué tal saben? —replicó el otro irónicamente.

— No sé, porque yo no me los fumo. Sólo me los meto por la oreja.

***

La vida es como un taxi. El taxímetro sigue marcando aunque uno no avance.

***

Crítico de arte a pintor modernista:

— No sé por qué ustedes los artistas modernos tienden a deformar las imágenes. ¿Por qué no expresan las cosas tal como realmente son?

— Bueno, le diré . . . ¿Tiene usted algún retrato de su novia o de su esposa?

Sorprendido, el crítico extrae de su cartera una cartulina con una imagen.

— Esta es mi esposa.

— ¿Cómo? ¿Así tan pequeñita?

* * *

Marido y mujer suben en un elevador atestado, y el hombre no deja de mirar a una estupenda rubia que va junto a ellos. De pronto la rubia abofetea al marido, gritándole:

— ¿Cómo se ha atrevido a pellizcarme?

Al salir del elevador, el marido se disculpa ante su esposa:

— Te juro que yo no la pellizqué.

— Ya lo sé, fui yo.

* * *

Un escultor decía:

— Para esculpir a la mujer perfecta, voy a tomar los brazos de Sofía Loren, el rostro de la Brigitte Bardot, el busto de Gina Lollobrigida y las piernas de la Farah Fawcett.

Uno del público exclamó:

— Yo me conformo con lo que vaya sobrando.

* * *

Esposa a amiga:

— En el día de su santo yo le regalé a mi marido un

disco con "Temas para meditar", "Música para descansar" y "Melodías para fumar."

— Debió gustarle mucho.

— Oh sí, y en compensación él me acaba de regalar ahora un disco que trae "Romanzas para lavar", "Conciertos para planchar" y "Sonatas para coser".

***

A un anciano que a pesar de sus años era muy alegre y sociable, le preguntaron a qué se debía su constante buen humor, y contestó:

— Ya que el mundo me hizo el honor de invitarme a pasar una temporada aquí, quiero corresponder dignamente a la invitación.

***

En la agencia de viajes. Empleado a juvenil y bella clienta:

— Usted pague nada más el enganche. Seguramente durante el viaje encontrará a alguien que luego acepte pagar los plazos.

***

En la vía pública.

— Dispense, señor, ¿cuál es la calle del Sol?

— Es la que viene, siga derecho.

— Pues si es la que viene, mejor la espero aquí.

***

— Se ha comprobado que las galaxias se alejan rápidamente de nosotros.

— ¿Sabrán algo?

***

Una anciana excéntrica dejó al morir cien mil dólares al gato y otros cien mil al perro, pero nada al loro. Su abogado comentó con un colega:

— Va a ser un caso muy difícil.

— Claro, ¿cómo puede un animal recibir una herencia?

— No es eso, sino que el perico ha impugnado el testamento.

***

La esposa ve la televisión mientras el marido hojea repetidamente una revista de desnudos. Así pasa un largo rato, hasta que al fin ella le dice:

— Ya deja eso, si no te gusta.

— ¿Por qué lo dices?

— Porque llevas más de una hora murmurando: "¡qué inmoralidad!, ¡qué mal gusto!"

***

En 1939, el famoso pianista Brailovski, considerado en la época como el mejor de todos, tuvo que presentar declaración ante un jurado.

— ¿Jura usted decir toda la verdad y nada más que la verdad? —le preguntaron.

— Juro.

— ¿Cuál es su nombre?

— Alejandro Brailovski.

— ¿Quién es usted?

— Antes de contestar deseo saber si todavía estoy bajo juramento.

— Sí señor.

— En este caso tendré que decir que soy el mejor pianista del mundo.

* * *

Entre dramaturgos:

— He escrito una obra de teatro con un solo personaje.

— ¿Uno solo?

— No sé de que te asombras. ¿Acaso tú podrías hacerlo con menos?

* * *

El director de una empresa se ha ido de vacaciones con su mujer, pero ella lo nota intranquilo y desasosegado.

— ¿Qué te pasa? ¿Por qué no descansas, por qué no te diviertes?

— ¿Cómo puedo descansar y divertirme, cuando esto es precisamente lo que están haciendo todos mis empleados?

* * *

Se lamentaba un marido:

— Es triste envejecer solo. Yo cumplo un año cada doce meses, pero mi mujer hace diez años que no cumple ninguno.

* * *

Si usted necesita muchas palabras para expresar lo que está pensando, piénselo un poco más.

* * *

Un ciudadano soviético entra a la Jefatura de Policía.

— ¿Podrían darme algún informe del camarada Kopanski? Es mi amigo y hace días que no lo veo. ¿Le habrá pasado algo?

El funcionario examina un registro y contesta:

— El camarada Kopanski está siendo investigado. Parece que cometió un pequeño error.

— ¿En dónde está?

— No puedo darle informes, pero si quiere conocer más detalles, pregúntele a su viuda.

* * *

En el domicilio particular del doctor se rompió una cañería durante la noche, y a las tres de la madrugada empezó a fluir el agua. El médico llamó inmediatamente por teléfono a un plomero, que por cierto era cliente suyo, y le dijo:

— Se trata de una emergencia. El agua se esta derramando. Le ruego que venga de inmediato.

El plomero respondió con toda calma:

— Ponga unos trapos bien apretujados dentro de la tubería, y váyalos cambiando cada media hora. Espero que con esto se contenga el derrame, y si no, hábleme por la mañana a mi taller.

* * *

Un muchacho de la nueva ola se compró una camisa de mil colores y una hechura absurda. En una de las bolsas encontró una nota que decía: "Favor de enviarme su domicilio y su fotografía a esta dirección. . ." Llevado por la curiosidad, hizo lo que la nota decía, y a los pocos días recibió otra nota redactada en estos términos:

"Yo soy la operadora que ha estado confeccionando estas camisas, y sentía curiosidad por saber qué cara tienen los tipos que las usan."

***

— Oye, si ves a Gonzalo, dile que lo espero mañana.
— ¿Y si no lo veo?
— Nomás me lo saludas.

***

Entre sabios.
— Estoy trabajando en un invento sensacional. Se trata de un aparato llamado calopontio.
— ¿Y para qué sirve?
— Yo qué sé . . . ¿ no ves que aún no está terminado?

***

El marido llega a la casa y la encuentra toda desordenada. Le reclama a su mujer:
— ¿Qué significa eso?
— Eso significa lo que hago todos los días . . . y que hoy no he podido hacer.

***

Nota biográfica en un periódico:
"El señor Martínez es un hombre muy inteligente y de buen criterio. El señor Martínez es soltero".

***

Un padre y su hijo de 10 años hicieron juntos un largo viaje, comiendo siempre en cafés y restoranes diferentes. De regreso a la casa, el papá observó que el muchacho, que antes no tenía un centavo, empezaba a derrochar comprándose pelotas, patines y todo lo que le gustaba. Entonces le preguntó:

— ¿De dónde sacaste tanto dinero?

— Es que tú eres muy distraído, y durante el viaje yo fui recogiendo todas las monedas que dejabas olvidadas en las mesas.

***

El pretendiente va a la casa de sus futuros suegros para pedir la mano de la muchacha, y los papás le preguntan:

— ¿Le gustan a usted los niños?

— Oh, sí, me encantan.

— Dígame la verdad, ¿de veras le gustan los niños?

— Claro que sí, yo adoro a los niños.

— Pues qué bueno, porque nuestra hija ya tiene dos.

***

Aviso en un hospital, dirigido a los jefes médicos:

"Trate con toda consideración a los empleados. Son más difíciles de conseguir que los enfermos."

***

Un líder obrero quiso sindicalizar a los bomberos. La primera cláusula de su pliego de peticiones decía:

"En lo sucesivo, los bomberos ya no harán más trabajos a domicilio."

Un andaluz entra a su peluquería habitual, y le dice al barbero:

— Esta vez arrégleme lo mejor que pueda, maestro, porque mañana me voy en avión a Roma. Estaré en un hotel de lujo, y me recibirá en audiencia el Papa.

—No le va a gustar—replica el barbero—; los aviones son muy malos, los hoteles peores, y de seguro que el Papa no lo va a recibir.

Al regreso, el viajero va a contarle sus impresiones al peluquero, pero sin pedir servicio. Sólo le dice:

— Al revés de lo que usted suponía, el viaje fue excelente. El vuelo fue magnífico, en el hotel me trataron muy bien, y el Papa no sólo me recibió, sino que hasta me dio su bendición. Por cierto que al bendecirme y al poner su mano sobre mi cabeza estando yo arrodillado, me dijo: "Hijo mío, te han pelado muy mal, deberías cambiar de barbero."

* * *

El escuadrón Núm. 16 de la Fuerza Aérea estaba de malas, pues no había día en que no sufriera algún accidente. Su jefe siempre tenía una justificación: o había sido el viento, o la lluvia, o la falla de un instrumento, o un error de la torre de control. Ya cansado de tantos pretextos, un día le dijo su superior:

— En lo sucesivo ya no voy a aceptar ningún accidente más en su escuadrón, a menos que usted participe personalmente en él.

* * *

En aquella boda la novia era tan fea, que todos los invitados prefirieron besar al novio.

***

Un inglés, un francés y un soviético hablan de cuál puede ser el momento de mayor felicidad en la vida de un hombre. El inglés dice:

— Para mí la mayor felicidad es llegar al hogar en una noche de invierno, después de una ardua jornada de trabajo, y encontrar la casa tibia, el sillón preparado, las pantuflas calientes, y percibir un delicioso olor que viene de la cocina anunciando una sabrosa cena.

— Pues para mí —replica el francés—, no hay nada mejor que conocer a una linda muchacha, llevarla a pasear, a cenar, a bailar, decirle frases de amor al oído y sentir que ella empieza a corresponder.

El ruso mueve negativamente la cabeza y dice:

— Nada de eso. Mi mayor felicidad es que yo esté durmiendo en mi departamento de Moscú, y que a las tres de la mañana toquen con fiereza a la puerta, y que yo despierte sobresaltado y vaya a abrir temblando, y vea ante mí a unos agentes de la policía secreta diciéndome en tono brutal: "¡Camarada Iván Petrovich, tú has cometido un error, y ya sabes cómo se pagan los errores en nuestro régimen! ¡Ven con nosotros...!" y que entonces yo pueda contestar: "Dispensen, pero el camarada Iván Petrovich vive en la puerta de al lado."

***

Sacerdote, finalizando el sermón antes de la colecta:

— El Señor acepta lo que sea, con tal de que se dé con buena voluntad, pero también recibe lo que se da a regañadientes.

***

Uno entra a un restorán, ordena varios platillos a la vez y empieza a revolverlos todos, formando un men-

jurje imposible de identificar y de muy mal aspecto.
Viene el mesero y le dice:
— Dispense, señor, pero eso que está en su plato, ¿se
lo va usted a comer, o se lo ha comido ya?

***

En la compañía de seguros, después del choque. Asegurado a ajustador:
— Le aseguro que el otro coche no sufrió ningún daño.
— ¿Y el de usted?
— Un poquito menos.

***

En la exposición de arte moderno.
— ¿Qué significa este monigote?
— Es el autorretrato del pintor.
— ¿Y ese otro adefesio?
— Es la mujer del pintor.
— Espero que no se les ocurra tener hijos.

***

Empleado a patrón:
— Señor, quiero que me aumenten el sueldo. Me están pagando de menos.
— ¿Por qué dice que le pagamos de menos?
— Porque aquí hay gente que gana mucho más de lo
que se merece.
— Muy cierto. Y es precisamente por culpa de los
que cobran de más, que a usted tenemos que pagarle
de menos.

***

Dos búlgaros de la era comunista platican confidencialmente:
— Si abrieran las fronteras, ¿tú te quedarías aquí?
— No.
— ¿Por qué?
— Porque . . . ¿qué haría yo solo en Bulgaria?

* * *

El padre lleva a su hijo al cine para ver la película "Bajo el sol del Desierto". En la taquilla pide:
— Por favor, dos boletos de sombra.

* * *

Un diplomático es un hombre que siempre piensa muy bien las cosas antes de no decirlas.

* * *

Adán a Eva, al ser arrojados del paraíso:
— No te aflijas, mi vida. De un modo u otro saldremos adelante en nuestra nueva condición de exilados políticos.

* * *

Si un viajero no cuenta sus impresiones de viaje, es que le gusta viajar. Si las cuenta, es que quiere que los demás sepan que ha viajado.

* * *

— ¿Por qué será que en cualquier lugar donde hay más de una cola -supermercado, correo, banco- siempre es la nuestra la que avanza más despacio?

***

La música moderna tiene una gran ventaja: nadie la puede cantar ni silbar.

***

Un actor aficionado tuvo que sustituir a un profesional en el difícil papel central de "Hamlet". Al llegar a aquello de "Ser o no ser . . .", empezó a recitar tan mal y tan sin expresión, que el público comenzó a protestar, pero él, adoptando una actitud muy digna, se defendió diciendo:

— ¡Justo, ahora cúlpenme a mí, como si fuera yo quien escribió todas estas tonterías!

***

Después de la mano de póker:

— Pero, hombre, ¿por qué subió usted la apuesta? Estaba bien claro que el otro tenía cuatro ases. En cambio, usted ¿qué tenía?

— Dos reinas . . . y seis whiskis.

***

La criminalidad seguramente disminuiría si sacáramos a todos los policías que hay en las películas y en la televisión, y los pusiéramos a trabajar en las calles.

***

— Me acabo de comer un pastel de moka.
— ¿De qué?
— De moka.
— Pues tuvo usted suerte que fuera femenino.

En el mundo ocurren muchas cosas malas, pero nosotros nunca tenemos la culpa de nada, porque cuando somo jóvenes culpamos a nuestros padres, y cuando ya somos maduros culpamos a nuestros hijos.

***

Lo peor que puede pasarle a un ateo es sentir gratitud por algo y no saber a quién dar las gracias.

***

Durante la noche la mujer oye un ruido en la casa y despierta al marido.

— Creo que hay un ladrón en el armario.

El hombre se levanta, sale de la recámara y regresa con un martillo. La mujer objeta:

— ¿No sería mejor con la pistola?

— Eso lo veremos mañana. Por el momento, todo lo que voy a hacer es clavetear el armario.

***

Un conferenciante disertaba sobre los efectos nocivos de la televisión:

— No hay nada peor que la televisión. Prendan ustedes el aparato, ¿y qué verán? Violencia, salvajismo, crímenes, secuestros, incendios, bombas . . .

Uno del público intervino:

— Y esto sólo es el noticiero . . .

***

Si en un restorán no entiende usted el nombre de algún platillo o no sabe pronunciarlo, es que está fuera del alcance de su bolsillo.

***

El hijo del ministro se presentó a examen de historia con una tarjeta de recomendación del papá, por lo que el profesor le hizo una pregunta de lo más fácil, pero aún así tuvo que reprobarlo. Cuando el padre, furioso, fue a reclamarle al profesor, éste le explicó:

— Le pregunté a su hijo en cuál de sus tres viajes alrededor del mundo había muerto el almirante Cook. . . y me contestó que en el segundo.

***

— ¿A usted qué es lo que más le gusta de las óperas?
— Las oberturas.
— ¿Y a usted?
— Las arias.
— ¿Y a usted?
— Los entreactos.

***

— Acabo de oír por radio el noticiero de las ocho.
— Pero si apenas son las siete . . .
— Es que yo siempre llevo mi reloj adelantado.

***

El gerente de un banco llama por teléfono al dueño de un taller mecánico:
—¿Podría usted darme referencias del señor Odilón Peláez?
— Lo traté una vez, pero ya se murió.
— ¿Cómo va a estar muerto si lo tengo frente a mí

solicitando un préstamo y diciendo que usted lo conoce?

— Bueno, es que hace un mes yo le reparé su coche, y él me juró y perjuró que al sábado siguiente vendría a liquidar la cuenta, a menos que se muriese. Y como no lo he vuelto a ver . . .

— Entendido, y muchas gracias.

***

— Me han dicho que te vas de viaje a España. ¿Podría darte un recado para una persona de Zaragoza?

— Bueno, yo no pensaba ir a Zaragoza, pero tratándose de ti y si es tan importante, puedo modificar mi itinerario.

— Te lo agradeceré muchísimo. Quiero que en Zaragoza vayas a esta dirección y preguntes por Pilar.

— Muy bien, ¿ y qué le digo de parte tuya?

— Que ya la he olvidado.

***

Un inspector de salubridad visita un hospital, y terminado el recorrido le dice al director:

— Todo está en orden y le felicito. Lo único que me ha disgustado es ese médico que vimos en un rincón del patio, mal vestido y sin rasurar, con la bata sucia y el pelo enmarañado, con la mirada extraviada, hablando solo y haciendo muecas grotescas. Quiero que le llame usted la atención.

— Lo haré, señor inspector, pero no creo que me haga caso, porque él es el Jefe de los siquiatras.

***

Dos socios industriales se disponen a emprender un viaje para tratar una operación de muchos millones de pesos. Ya en el aeropuerto, ven que pueden utilizar los servicios de dos compañías diferentes, una de las cuales cobra por el boleto 50 pesos menos que la otra, y un socio dice:

— Compraremos el boleto más barato.

— ¡Por Dios! —exclama el otro—, ¿qué importan 50 pesos más o menos en un negocio de millones?

— Es que los millones aún están en veremos, mientras que los 50 pesos son reales.

* * *

El flamante matrimonio anuncia a la prensa que pasarán su luna de miel en Brasil, donde visitarán distintos lugares. Un periodista da la noticia así:

"El señor y la señora X. pasarán su luna de miel en lugares distintos del Brasil."

* * *

Si un inventor fracasa, es un chiflado. Si triunfa, es un genio.

* * *

Consejo paterno:

— Mira, hijo, si quieres que los demás te estimen, hazles creer que son capaces de pensar. Pero si quieres que te aborrezcan, ponlos a pensar.

* * *

Gerente a empleado:

—¿Ya terminó usted con todos los asuntos que le encargué?

— Sí señor, acabo de terminar con el último de esta

lista. Mírela usted.

— Muy bien, muy bien.

— Pues ni tanto, señor, porque ésta es la lista de hace tres días.

***

Durante el juicio se demostró que de ninguna manera el acusado podía ser culpable, puesto que en la fecha del delito que se le imputaba, él se encontraba en la cárcel cumpliendo otra condena. Al enterarse de esto, su defensor le reclamó:

— ¿Y por qué no dijo desde el principio que estaba en la cárcel?

— Para no predisponer al jurado en contra mía.

***

Dicen los polacos que la vida en su país, bajo la dominación soviética, está regida por los dos siguientes principios:

1. En cualquier asunto relacionado con Polonia, la URSS siempre tiene razón.

2. En caso de que no la tenga, se aplicará el principio anterior.

***

Los países de la cortina de hierro supeditados a Moscú son los más neutrales del mundo y los que nunca se meten con nadie. Es tanto su afán de no-intervención, que ni siquiera intervienen en sus propios asuntos.

***

Una noche en que está lloviendo a cántaros, un señor que va manejando muy despacio ve salir a una linda damita del Club de Liberación Femenina, la cual se sube a su propio coche y echa a andar unos metros más adelante del otro automovilista. De pronto, a ella se le poncha una llanta, y la pobre mujer tiene que bajarse en busca de las herramientas, protegiéndose a medias con su paraguas. Entonces, el señor se le acerca y le dice:

— Sé de donde viene, y no quiero influir en sus convicciones. Pero para que vea que soy un caballero, yo sostendré su paraguas mientras usted cambia la llanta.

***

Un señor muy gordo y sanote está comiendo opíparamente en un restorán, cuando entra un amigo que acude a saludarlo.

— ¿Qué tal, cómo has estado? ¿Cómo te trata la vida?

— Mal, muy mal.

— Pues no lo parece. Mira el banquetazo que te estás dando.

— Sí, pero antes podía traer a mi mujer y a mis hijos.

***

Anciano a muchacho de la época:

— En mis tiempos no existía el cine, ni la televisión, ni el automóvil, ni los aviones, ni la bomba atómica.

— ¿Y qué hacían ustedes?

— Nada. Simplemente vivíamos.

***

Entre actrices de cine.

— ¿Qué tal salió tu nuevo agente de publicidad?

— ¡Excelente! Apenas hace un mes que lo contraté, y en tan poco tiempo me he divorciado, han secuestrado a mi hijo, me atropelló un coche y se ha incendiado mi casa.

***

En una carretera que pasa junto a un cuartel, hay un rótulo que dice: "Maneje con precaución. No vaya usted a atropellar a ningún soldado."

Y unos pocos metros más adelante hay este otro rótulo:

"Mejor espere a que pase un oficial."

***

Marido a mujer:

— Hoy me avisaron del banco que nuestra cuenta está sobregirada. ¿Tú no has extendido ningún cheque, verdad?

— Sí, extendí algunos.

— ¿Y por qué no los anotaste en el talonario?

— Porque no quería preocuparte.

***

A una señora que era madre de diez hijos y que los traía a todos uniformados cuando salían a la calle, le preguntaron:

— ¿Por qué viste a todos sus hijos exactamente igual?

— Le explicaré. Cuando tenía tres o cuatro, era para que no se me olvidara ninguno. Ahora que tengo diez, es para no llevarme alguno ajeno.

***

Editor a fotógrafo:

— Para la próxima portada quiero a una mujer desnuda en un camino solitario.

Viendo que el fotógrafo se rasca la cabeza, el editor le pregunta:

— ¿Que no sabe usted donde conseguir una mujer desnuda?

— Oh no, de esas hay a montones . . . pero ¿dónde encuentro yo un camino solitario?

* * *

— Ayer compré una ratonera para el sótano de mi casa, pero se me olvidó el queso, así es que sólo puse la ilustración de un pedazo de queso que recorté de un anuncio.

— ¿Y surtió efecto?

— Me parece que no, porque esta mañana encontré en la ratonera la foto de un ratón.

* * *

Un hombre de empresa había triunfado gracias a su tesón y espíritu de lucha. Un día le preguntaron quién le había inculcado esas virtudes, y explicó:

— Cuando yo era niño, quiso mi padre una vez que tomáramos el tranvía, y como éste ya estaba a punto de arrancar, me hizo correr. Yo le dije: "No lo alcanzaremos", y él replicó: "Quizá apretando el paso. . ." Yo insistí: "Es inútil, lo vamos a perder", y entonces mi padre me dijo, sin dejar de correr: "Tal vez, pero si lo hemos de perder, que por lo menos sea corriendo."

* * *

**

En algún lugar de los Estados Unidos. Diálogo entre un muchacho y su abuelo:

— ¿Por qué una vez los alemanes fueron nuestros enemigos?

— Porque entonces eran malos, pero ahora ya son buenos.

— ¿Y los japoneses?

— También son buenos.

— Entonces, ¿por qué una vez los bombardeamos?

— Porque antes eran malos.

— ¿Como los rusos?

— Bueno, los rusos antes fueron buenos, pero ahora son malos.

El chico se rasca la cabeza y confiesa:

— No entiendo nada.

Y el abuelo le dice en tono de reproche:

— Claro, con esas preguntas tan tontas que haces . . .

**

Cuando los rusos entraron a Bucarest para ocupar Rumania, fueron recibidos tan fríamente por las autoridades locales, que los jefes de ocupación presentaron una queja por no habérseles ofrecido flores y música. Entonces uno de los patriotas rumanos les dijo:

— Es natural. ¿Cómo nos recibirían ustedes los rusos si nosotros invadiéramos a un país para destituir a sus líderes?

— Bueno . . . pueden tener la seguridad de que los recibiríamos con flores y música.

**

Turista a encargado de hotel:

— ¿A qué horas se sirve el desayuno?

— De 7 a 11.
— ¿Y la comida?
— De 12 a 4.
— ¿Y la merienda?
— De 5 a 9.
El turista reflexiona por unos instantes, y exclama:
— ¡Diablos! ¡Pues casi no voy a tener tiempo de visitar la ciudad!

* * *

— Yo triunfé en la vida gracias a dos mujeres.
— ¿Es posible?
— Sí, una esposa que me decía lo que tenía que hacer, y una secretaria que lo hacía.

* * *

Director de empresa a jefe de personal:
— Quiero que entre todos los empleados de la compañía busque usted a uno que sea inteligente, activo y capaz de reemplazarme en mi puesto.
Unos días después el jefe de personal le informa:
— Ya encontré a la persona. Es un joven dinámico, emprendedor, brillante.
— ¿Será capaz de sustituirme a mí?
— Sí señor.
— ¡Pues despídalo!

* * *

— Yo tengo un método infalible para mantenerme a dieta. Sólo como cuando mi mujer no está hablando.

* * *

No trates de que otros sean iguales que tú. Con uno solo basta.

***

Un borrachito le pregunta a uno que pasa:
— Dispense, ¿qué horas son?
— Las dos y media.
— ¿De la tarde o de la noche?
— De la noche.
— Sí, ¿pero de hoy o de mañana?

***

Mientras las tropas soviéticas entraban a Praga para aplastar el movimiento de liberación checoslovaco, le preguntaron a un nacionalista local:
— ¿Y ahora qué supone usted que harán los rusos con los patriotas checos.?
— Bueno, los optimistas creen que nos van a mandar a todos a Siberia.
— ¿Y los pesimistas?
— Que nos harán ir a pie hasta allá.

***

Cuentan que Napoleón era tan vanidoso, que se atribuía a sí mismo, como un mérito personal, todo lo bueno que sucedía en Francia. Cuando en cierta ocasión alguien le dijo que hacía un día espléndido, contestó:
— Muchas gracias.

***

El barbero novato primero la abre la barbilla a su cliente con la navaja, luego le hace una cortada en el cuello, y finalmente le corta en la nuca. Apenado, el barbero le pregunta:

— ¿Quiere que le envuelva la cabeza con una toalla?

— No se preocupe, me la llevaré bajo el brazo.

***

Entre elevadoristas.

— Ya estoy cansado de que todos los que suben y bajan en mi elevador, me pregunten qué hora es.

— Sí, es muy molesto, pero no vayas a hacer lo que hice yo, que puse un reloj colgado del tablero, y ahora todos me preguntan si anda a tiempo.

***

Cliente inversionista a corredor de bolsa:

— ¿Cuál es la situación del mercado de valores en este momento?

— Verá usted: unos expertos afirman que la tendencia es de alza, mientras que otros expertos aseguran que la tendencia es de baja.

— ¿Y usted qué opina?

— Que los expertos siempre tienen razón.

***

— ¿Así es que usted se fugó de su casa a los diez años?

— Bueno, no fue precisamente una fuga, porque la verdad es que mi familia se alegró de que yo me hubiera ido.

***

Las conversaciones entre Adán y Eva debían ser muy aburridas. No tenían de quien hablar.

El siquiatra recibe por vez primera a un nuevo paciente, y le pregunta:

— ¿Cuál es su profesión?

— Soy mecánico de automóviles.

— Muy bien. Tenga la bondad de acostarse debajo del sofá.

***

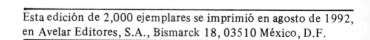

Esta edición de 2,000 ejemplares se imprimió en agosto de 1992, en Avelar Editores, S.A., Bismarck 18, 03510 México, D.F.